FSC
www.fsc.org
MIXTO
Papel procedente de
fuentes responsables
Paper from
responsible sources
FSC® C105338

AF399463

Papeles Arrugados

Julián Fernández Ortiz

Impresión y editorial: BoD – Books on Demand
info@bod.com.es - www.bod.com.es
Impreso en Alemania – Printed in Germany
ISBN: 9788413264776

Primera edición: Febrero 2023

Índice

CARTA AL ENGAÑO

¿Por qué viniste a verme
tan lejos si ya te habías ido?
Perplejos se quedaron mis tobillos
cuando volvieron a temblar
por tus dados despidos.
Eres tan usualmente estrambótico
que no quieres
hacerme sentir cínico,
aun sabiendo que te odio
como nunca hice.

El caso es que obvio
decirte te quiero,
porque sé que si llego a oírte
responder con firme paso,
puede desventurar una locura.
Sí, el tiempo todo lo cura,
incluso las heridas mordidas
por la caída de la arena
que llenó tu playa de pena,
el día que partí.

Soy más importante que tú,
y caí en la cuenta tarde,
pero no demasiado.
Es el momento ansiado
para amarte
como un loco diletante.

El instante de susurrar
gritando que nunca viví
contigo delante.

Carta al Miedo

Gracias por existir,
eso es lo primero a decir.
Nunca tuviste muchos amigos.
Tal vez fue por raciocinio,
o puede ser que en la desidia
cayese la que olvida.

No lo pienses más y,
por favor,
no te sientas solo.
Piensa en todo
lo que hiciste
por los demás.
Aunque nadie pueda verlo
e incluso creerlo,
has conseguido más
que esos que te odiaron.

Has decidido guiar
a aquellos que huyen,
a la vez que pudiste obviar
a los que aceptan.
La superación se diluye
en el sentir de quienes te hablaron
y el vivir es el tesón
de los que saben aceptar tus bienes.

Piensa solo en una verdad;
tu gran enemigo

nunca ha de existir,
si a la realidad contigo
no quiere confluir.
Yo soy quien soy gracias a ti,
por eso siempre voy lejos de ti.

No es verdad que no te vi llegar.
Lo que no sabía es que
venías a por más.
Supuse que ya no,
nunca creí que volverías para quedarte.
U ocurrió como pensaste
o tu plan era maestro.
¿En serio sigues pensando en lo vuestro?
¡Pero si antes soñabas
en tanto buscabas anhelos!
Parece que ya no te acuerdas
cuando acompañabas a ese solitario,
servidor de tus desdeños.

No te daré la bienvenida
pues no te la ganaste,
pero tampoco invoco
de la salida su arrastre.
Digamos que lo llevaré
cual barco hasta su amarre.
No olvídome de tu tiempo de letargo,
porque si disiento de mi algo,
es de no haberte llamado antes.
No es que ahora sea tarde,
es que me quema admitir que acertaste
con el tiempo de demora.

Te lo digo sinceramente,
aunque me creas demente:
gracias por llegar,
y si te piensas volver a ir,
deja escrito el lugar.
Echarte de menos no es posible,
porque entonces tu existencia
sería inconcebible.
Aun así, a cierta ciencia,
recordé cuántas veces perdí la paciencia,
para encontrar tu justa herencia.
Gracias por dejarme
eso que atesoro.
Es justo la nada que se ha sentido
con su todo equilibrada.

CARTA AL RECUERDO

No sé muy bien porqué,
pero no pensé
nunca en escribirte.
Creía que estarías siempre presente,
creía que nunca me abandonarías.
Curioso que sea duro tenerte
e irónico que lo sea aún más
tu suerte.
Quería contarte
que el otro día
le hablé de ti.
No sabía qué decir,
solo me miró a los ojos
y se encogió de hombros.
Sus labios rojos no se movían,
parecían estar rotos.

Entonces me levanté
y vi cómo me seguía su mirada.
Intenté decir que sí,
pero mi cuerpo me delataba.
Dimos por supuesto
que era imposible
tener claro que fuera admisible
su descaro.
Nadie había quebrado
el silencio
con alguna osada palabra.

¿Era síntoma de desprecio
o sinceridad demasiado pura?
En ese momento,
me hubiera encantado contar tu cuento.

No sé si contarte lo que pasó,
porque eres como el arte
del dominó.
Siempre unes los iguales,
pero no olvidas sus rivales.
No miente quien dice
que te ve como huida,
pero tampoco acierta
el que cree en el loco de tu puerta.
No te dejaré con la intriga,
al final supe que tu amiga
nunca estaría de más.

Carta a la Ilusión

Siempre pienso que nunca vas a llegar
y me sorprendes.
Tú eres así,
se siente el tenerte cerca
porque no entiendes.
Eres inconsciente
y a la vez inteligente.
Eres suspicaz,
pero destilas un aire banal.
Eres como ese momento en el que
al abrir los ojos solo veo inmensidad.
Eres como mirar desde un sueño
al que está dormido.
Eres como amar sin haber querido.
Eres como todo, pero sin dueño.
Eres simplemente tú.

Nunca he dado consejos
porque siempre los detesto.
Nadie me dirá qué hacer,
solo me tiene que venir a convencer.
Eso mismo te dije y te reíste.
Fui ese momento en el que lo viste.
Ese fugaz destello de originalidad
que se escondía
detrás de la verdad.
Me sorprendió verte aquel día
(como todos),

pero más aún ver que siempre volvías
(como nunca).

A veces he pensado
que no llegarías a tiempo,
y luego me percaté
que es mejor no medir el momento.
Que es peor pensar que sí
que creer que no.
Que es así cuando parece que se fue,
y que es conmigo cuando se sabe que llegó.
Atardece y te veo diluirte en el ocaso.
Decirte tiene que te leo,
pero más aún que te deseo.
Te diría que te quiero,
pero a veces me das mucho miedo.

Carta a la Soledad

¡Ay incomprendida amiga!
La huida sempiterna
por la fatiga
de no superar el miedo,
siempre ha hecho que te sientas sola.
A mí me parece ciego
el que miente
porque no quiere ver la verdad
que esconde no querer verte.
No es cuestión de tenerte,
no es siquiera cuestión de entenderte
ni mucho menos de quererte.
Es simplemente querer tener tranquila la razón.

Sinceramente,
a veces me da mucha lástima verte así.
La última vez que te vi
poder hablar tranquila con alguien,
él no era consciente de quién eras.
O reptas cual serpiente por la mentira,
o ninguno quiere saber ni escuchar nada de ti.
A quien te busca
y quiere comprenderte
se le dice que delira,
y si escribo que te aprecio
todo el mundo dice que miento.

Hay veces
que redacto las crónicas de tu muerte,
y es curioso que acompaña
la suerte del más exacto.
Igualmente
me parece que es irónico
que me resulte icónico
que el que fenece realmente por no conocerte,
es el mismo que a voces te llama.
La naturaleza del ser humano emana del ritmo de la
realidad,
por eso,
aunque no quieran verlo,
tú siempre estás.

Hoy ha tocado pensar en ti,
y digo pensar por no decir sentir.
Sé que no debería,
incluso que sin pulso me quedaría
si tú lo supieras.
Si vieras lo que ahora soy,
seguro estoy de que volverías.
Teorías que se elucubran sin fundamento.
Sin el cimiento de que cubran
de realidad tu yo.
Tuyo es mañana
todo lo que dio el ayer del futuro.

Agradezco todo lo que hacer
pudieras por mí.
Siempre has estado ahí,
pero a veces no supe verte,
no supe querer entenderte
e incluso me dio miedo tenerte.
¿Por qué? Ni yo lo sé.
Es algo que sucede,
algo que explicar no se puede,
mitigar se debe y sentir se quiere.
Es algo igual que tú: inexplicable.

Gracias a ti,
simplemente por estar siempre ahí.
¿Y dónde está ese lugar exacto?

Antaño creía que era de lo más vulgar,
pero he aprendido que
no se puede ni imaginar.
Cuando dejé de verte,
fue el preciso instante
en el que aprendí
el arte de olvidarte.
Algo tan sencillo,
como jugar con el pasado
al corre que te pillo.

Carta a la Valentía

Sí, hoy es día de celebrar.
Gracias a ti,
gracias a tu incomprensible impulso,
he llegado.
He tomado el pulso
al legado irreductible de mi futuro.
Con el aliento puro y arduo
de este viento
he conseguido hacerlo.
No ha sido fácil y, desde luego,
no ha sido solo.
No lo he podido todo,
pero he vencido
el frágil fuego que ardía de la nada.

Me he detenido frente a ti muchas veces,
pero ha surgido de repente
el plan urdido.
He deseado no estar
y haber huido,
a la par que encontrarme
y llegar en el justo momento.
Ocurrido por un susto a tiempo,
se ha podido saber
la realidad de este cuento.

Cuento tantas veces la misma historia
que ha perdido la moraleja.

Lejanos quedan
los tiempos donde todo era mirar sin querer hacer.
Cerca parecen ahora estar
los instantes de esos años
que vienen para sumar.
Marchitándose están las hojas de la amapola
que serán el preludio de su gran crecimiento.
Miento si no digo:
gracias por hacerme ser yo.
Yo sin más.
Más que yo.

CARTA A LA DESPEDIDA

No he venido a echarle nada en cara
y tampoco a mirarla.
No quiero saber quién habla
y tampoco escucharla.
No le diré que se vaya
porque no lo hará.
No le diré que se quede
porque solo calla.
No será
porque ya es.
No se irá
porque nunca muere.
No sabes gritarme
porque te da miedo el ruido,
prefieres el suplicio
de susurrarme.
Me has llevado lejos
y me has arrastrado por los suelos.
Siempre vuelves por tus fueros
porque vives sin complejos.

Envidia me daba hace un tiempo,
cuando yo era un simple loco.
Ahora ya sé de todo un poco
y por eso nunca cuento.
Prefiero que llegues al azar
del no saber mirar.
Creo que al final soy como tú,

soy un sordo sin luz.
Siempre te detienes a mi lado
y tensas mi desdichada calma.
Quemas al rojo mi alma
mientras sabes de mi pasado.
Estratega del cuándo
y luchadora del porqué.
Olvidaste mirar como yo,
donde estuve dudando.

Puede sorprenderte que no quiera verte.
A mí me asusta.
No me gusta.
Creías que no iba a dolerme.
Todo el mundo me lo dijo:
búscala y aprende.
¡Maldita esa demente
que ni siquiera sé qué quiso!
Apareciste y me ocultaste,
llegaste y me despediste.
Ironía cierta de mi error,
dolor falso de mi melodía,
Nunca te diré adiós,
amor de siempre.

CARTA A LA REALIDAD

No esperaba verte así.
Disfrazada de ti.
Quererte es a la vez imposible y obligado.
Mucho tiempo te he disfrutado
y ahora siento que no te padezco.
Parece ser que estoy
en ese frente opuesto,
estoy bajo esa mente que soy.
Aunque parezcas una demente
quiero que sepas que siempre quise verte.

No, aunque lo parezca no te esquivaba.
Simplemente no estaba
preparado para abrir la puerta.
Sé que has llamado
aunque la encontrases entreabierta.
Muchas gracias por tantos pases,
muchas gracias
por no hablar de sentimientos.

Capaz de mirarte a los ojos,
me quito los despojos
que me llevaron a sanar.
Cual herido me he mostrado ante ti,
sin sentido te dije que huí.
Me cuesta respirar
y no es por el aire.
Me duele hablar

y que no haya nadie.
Sé que hay gente
que juega contigo,
mas tengo presente
que eso no iba conmigo.

Carta al ¿por qué no?

Mírate hoy,
mírate ayer
y mírate mañana.
No pienses si se pierde o se gana,
créetelo: soy lo que soy.
Has sido como has vivido
y tu esencia se mide por tu ausencia.
Transeúnte de una calle llamada miedo;
eso es lo que eres sin remedio.
No me atañe decirte lo que creo,
pero no puedo negarte lo que veo.

No mires al reflejo,
no hay nadie detrás.
Vas tras los pasos
del anhelo de ese aire.
Viento que un día tornará en tormenta
para otros que ahora ni siquiera siento.
Es cierto que se añora,
incluso que hay días que se llora.
Es parte de saber
que ya no hay todavía.

¿Pero por qué no?
¿Por qué no se puede decir que eso es necesario?
Que no hay victoria sin adversario.
Que no hay que obviar la memoria.
Que no es cuestión de odiar,

que es solo echarle corazón.
Que llega el momento
que no vale solo con la razón,
hay veces que hay que
simplemente
tener valor.
Coraje a decirte la verdad,
fuerza para admitir la realidad.

CARTA A LA DEPENDENCIA

Ojalá supiera
que voy a conocerte
y no a olvidarte.
Ojalá alguien
me dijera que
es mejor no verte.
Lo que daría yo por saberlo todo de mí
y nada de ti.
Confundir las palabras
y los tiempos verbales.
Atrasar los relojes de los sentimientos.
Admitir que sí, que siento.
Que no miento
cuando me digo que te amo
y que no me arrepiento
de decírselo al viento.
Ojalá olvidarte fuese fácil,
o al menos tu recuerdo fuese tan frágil
como se ha quedado mi orgullo.

Hoy te escribo y lo hago sin filtro,
ya no me resisto a seguir pensando
que huir es estar creciendo.
Que sí,
que miento si digo que no te pienso,
que estoy bien sintigo
y que quiero ser conmigo.
¡A la mierda de una vez las formas,

que ya no me quedan normas!
Que no quiero más,
no puedo jamás
y no pensaré que estás detrás.

Gracias una y otra vez,
por beberme con poca sed
y derramarme cuando no había sensatez.
Por comerme cuando no había hambre,
y por nombrarme cuando llamaba a la mesa.
Porque sí, porque pesa ser tú
quien ha vertido todo al infierno
y lo ha hecho eterno.
Porque no,
porque no te echo de menos,
a pesar de que nunca estuviste de más.

Hállame perdido
porque nunca quise buscarme.
Sí, sé que te perturba
no saber de mí
y soy consciente de que hui.
Quise correr lejos,
muy lejos,
pero quien se miente a sí mismo
anda falto de reflejos.
No me manda la razón
en este viaje que inicié
por no hablarme.
Vacié el corazón de culpa
y entendí que solo me valía una habilidad:
no es cuestión de valentía,
si no de coger la responsabilidad.

Entender que solo tú
eres dueño de lo que piensas.
Que no es cuestión de perseguir tu sueño
si no de seguir con tu pasión.
Tu aliciente no será saber lo que al ganar se siente,
pero puede que por el camino
encuentres la felicidad.
Atino a descubrir la realidad
entre tus enclenques aires
de cautela optimista.
La oteo, aunque duela,

en el hueco de mi soledad.
La misma que ruego,
sin dudarlo,
que sea preceptora de la verdad.

Trata de mirarme a los ojos.
Sí, así de claro.
A los ojos.
Busca en ti.
Confía en mí.
Ten paciencia al inspirar.
Conciencia.
Ya puedes espirar.
Cierra los ojos.
Busca los míos levantando la cabeza, pero sin abrirlos.
No tienes ninguna certeza.
Puedo seguir a un palmo de ti o a una eternidad.
Sigue confiando en mí.
Extiende tus manos intentando encontrar mis hombros.
¿Los sientes?
Ese sentimiento he tenido y tengo,
hace mucho tiempo,
en mi interior.
¿Ahora me entiendes?

¿Conoces la sensación
de no saber qué sentir?
Emociones encontradas
que no se encuentran
para decidir o decir sí.

Aire que no cala
al sentido de tu alma
porque no conoce
ni siquiera tu roce.
Calma que llega
solo cuando crees
que has percibido
el soliloquio de su olvido.

Describo todo esto
porque nunca escribo
de tu texto.
Me atrevo a decir
que lloré mucho más lo que leí
que aquello que escribí.
Parca en palabras
y más aún en frases,
me costó leer tus miradas.

Aprendí el lenguaje
de las pupilas y los ceños.
A escuchar cuando crepita
el fuego de mis sueños.

A jugar al juego
de quien susurra y a la vez grita.
A no tener sed
en la sequía de mi amargura.
A saberte guía
del viaje que todo cura.

Al fin y al cabo,
a desconocer de ti
todo lo que sé,
y a saber de ti
todo lo que ves.

TÚ DE TODOS

Tú. Mírate fijamente.
Párate frente al espejo.
Eres de momento,
eres de la gente.

Recuerdas que antes no,
pero no sabes que ahora sí.
Creíste en su frenesí,
y dejaste tu emoción.
¿Sabes lo que sientes?
ahora casi siempre mientes

Dejaste de ser tú
para conseguir ser alguien
y ahora te sabes nadie.
Perdiste tu virtud.

Mira lo que hiciste.
Dime lo que eres
¿Es lo que tú quieres
o lo que te dicen?

El Vuelo

Como una caricia,
pero más rápida.
Impulso, da vida,
es su pericia.
Inesperado anunciado
que habla de ahora,
nos deja obligado
porque nunca demora.
Buenas vistas aquí.
Hace mucho que partí.

Inquina y vaivén
en el agua del edén.
Esperanza del eterno
en el fuego del averno.
Hilo de tus latidos
en telas de mis ruidos.
Flotando en el disfraz
de tu loca realidad.
Costumbres excepcionales
regalan tus manidos finales.

Azota un golpe suave
cuando llega el final
en mi eterno viaje.
Merci de tout ! Pas mal !

Verdades de Mentira

Todos los días de nunca
en ese momento de siempre.
Pensamientos que mienten
con palabras que ya abundan.
Hablar por callar
al mirar por ocultarse.
Existencias sin estar
cuando hablas de Marte.
Contamos ironías de certeza
en los debates de mi cabeza.
Llega siempre el tiempo de ya
cuando no hay ni un día más.

Pues sí, sin ninguna duda,
así es como quiero ser.
Mundano personaje del querer
que siempre necesita ayuda.
No, no, no es necesidad,
es más bien saber decir sí.
Que no siempre es así,
no siempre necesitas piedad.
Me gusta no poder solo.
Así aprendo acompañado
al menos de mi modo.
Gota en el centro del plato.

Estuve coloreando verdades

mientras dibujaba mentiras.
¿Tú a cuáles miras?
Yo sin duda, a las pares.

LOS MARTES

Mirar la lluvia tras un cristal.
Escuchar la brisa del mar.
Ver el humo salir de tu taza.
El ruido de la puerta de mi casa.

Esa maldita canción.
Esa horrible camisa.
Tu loca risa
cuando llega el calor.

El silbido de las vías del tren,
los mullidos calcetines,
tu titileo y tu vaivén,
mis principios y tus fines.

Fiestas blancas, de playa y de humo,
poco cuerdo y mucho loco.
Nunca es mucho, más bien poco.
Curioso: nunca resto, siempre sumo.

En resumen y sin miedo.
Te veo en todas partes,
pero no hay remedio.
Siempre cae en martes.

QUE HAY QUE

Que hay que decirle a la gente
que lo intente
y que sea valiente.
Pero también que lo piense
y que no se miente.

Hay que vivir para disfrutar,
pero también disfrutar de vivir.
Que puedes llegar donde quieras,
pero que a veces
ni tú sabes lo que quieres.

Que tienes que amar sin miedo,
pero también temer algún te quiero.
Que vivan el presente,
pero que tengan su pasado siempre en mente.
Que persigan sus sueños,
pero no huyan de sus pesadillas.
Que entren a hurtadillas,
pero que abran la puerta.

Que es importante hablar,
pero al mismo tiempo escuchar.
Que tus ideas son muy buenas,
pero también lo son las suyas.
Que tengas siempre bulla,
pero que no pierdas la calma.

Que sientas con el alma,
pero que no te olvides del corazón.
Y que sepas reconocer
cuándo sí, y cuándo no.

VOLVER

Volver para no regresar.
Ir a querer estar.
Terminar de volver,
de volver a empezar.
Pequeña ventana
con vistas al fin,
al final del comienzo.
En el que nunca empiezo,
sobre el que sí siento.
Punto uno. Ajetreo.
Punto medio. Mareo.
Punto final. No lo veo.
Hasta luego y adiós
en el viaje de dos.
En el quiero y no puedo,
En el tengo y no poseo.

Aprendí a estar
sin tener que pensar.
Y ahora sé que sí,
que lo haré sin mí.

El Metro

Un devenir de miradas
que otean el semblante,
pisadas a un rumbo desconocido,
impasibles instantes
antes del diario destino.
Mil estilos y ninguno definido.

¡Ding dong ding!
Frenesí guiado en la vorágine,
desfile de rutinas
entre la incertidumbre.
Ahora,
solo queda escalar hasta la cumbre.

Hablando de Ti

Quedé tan atento al silencio
que escuché tu ausencia.
Pobre del necio
que piense en tu paciencia.
Loco del que quiera conocerte
y desdichado quien haberte quiera.
No es porque no pueda
sino porque hasta difícil es verte.

Miré al vacío
y percibí justo el matiz,
que estaba escondido
en lo que creí ver como desliz.
Me deslumbró la oscuridad
detrás de tu puerta.
Fui a buscar la paz
cuando me declaraste la guerra.

¿Cómo es posible amarte
con tanto odio?
Es tan difícil como odiarte
desde el amor.
En ti encontré la cordura
de mis locuras.
Tú me dijiste que podía
hacer la luna mía
justo cuando sale el sol.

Que era posible ser dos
y uno a la misma vez.
Que tu derecho sería mi revés
y que contara hasta diez.

Después de todo
y antes, de nada
por darte este modo.
Gracias por tu mirada.
Podría decir mucho
y serviría de poco.
Contra ti lucho
porque estoy loco.
Te he vuelto a ver
y ha sido en mis sueños.
Pesadillas de un dueño
que esclaviza mi ser.

Hoy siento que empezaste
a componer la melodía
de mis silencios.

AMANECER

Empezó color ocre.
Caricias sin daño
en la mediodía del roce
que tocaba notas de antaño.
Viviendo un engaño
tan sincero como loco.
Tan cuerdo como vano,
tanto mucho como poco.

Sentado en mi filo
al borde de tu cama.
Sé que no eres sana.
Sé que puedes conmigo.
De soslayo tu sonrisa.
De frente la nada.
A mi espalda mi todo
teñido ya de rojo.
Al suelo la almohada,
empieza el juego. Sin prisa.
Tiré a ganar
y me saliste tú.
De mi miedo tu virtud
y de tu mentira mi verdad.

Esa que callé
cuando no escuchabas.
La misma que acaba
cuando cruzo tu valle.

Esto no es contigo,
yo solo sigo el camino
que me lleva a tu ombligo.
Se eriza mi destino
cuando sopla tu suspiro.
Cuando pienso que miro
y no te veo.
Cuando no te creo
al decir que vino.

Cierro los ojos
y te veo.
Escucho tus cartas
y te leo.
Toco tus hombros
y te deseo.

¿Será un error?
No digo que no.
¿Pero sabes lo peor?
Creo que confundo
vuestro terror
con nuestro amor.

DETRÁS DE MÍ

El manto se tiñe negro
en el día más claro.
Ojalá no hubiera peros.
Ojalá no fuera tan claro.
Ha empezado a verse
su sonrisa en el margen.
Hazlas que pasen,
que dejen de moverse.
Quiero dibujarlas
en el centro del aire.
Donde nadie pase,
donde nadie pueda apartarlas.
Recuerdo de lo que no fue
y añoranzas de lo soñado
en el tapiz de lo que curé.
Por favor, no te vayas de mi lado.

Si supiera que puede llegar,
si creyese que llegar duele,
si pensase que doler es más,
si notase que más es menos.
¿Por qué? Solo eso.
¿Cómo? Tanto que hacer.
¿Dónde? En su recuerdo.
¿Cuándo? Momento de placer.
Sé que no
porque creo que sí.

Intuyo que puede
cuando callo de ti.
Hablo de que duele
cuando me ahogo en mi don.

Sentimiento superpuesto
en el momento exacto.
Parece un pacto
cuando se da por supuesto.
Cuando empieza a salir la luz
te encuentro detrás de las sombras.
Cuando vuelvo a ser tú
tengo la duda de escribir en prosa.
Ya se ha hecho de día.
No volverás hasta mañana.
Puede que a cantarme tu nana,
puede que ya no haya melodía.

GUERRERO SIN BATALLA

Mi mejor escudo
es invisible.
Puede ser reversible
e incluso mudo.
Calla a voces
y oculta lo obvio.
Amor y odio.
Siempre y entonces.
Confort incómodo
al mirarte.
Gracia sin arte
cuando hablo de todo.
Rodeado de iconos
vivo mi sueño,
sueño mi vida.
La dejo sin dueño
y le recorre la envidia
cantando sin tono.

Lo llaman falso
y es verdad vacía.
La noche de paso
al más oscuro día.
Puede ser honesto
si uso versalitas.
Puedo resultar molesto
si me llamo hipócrita.

Es una verdad a medias,
una mentira de mientras.

LA CORRIENTE

El aire nos azota
y se convierte en viento.
Recorre mi momento,
azarosa marcha que brota.

No quiero pensar
y no quiero sentir.
No quiero estar,
¡déjame ya ir!

Una piedra, otra,
cada vez más angosto.
Izquierda, derecha, descontrolada,
muchos, pero sin rostro.

Sí tengo miedo,
sí estoy en llanto.
No lo sé, necio.
Tápame con tu manto.

Llega nuestra invitada,
el fin se acerca.
Imposible ver que llega...
remanso de agua muerta.

Tal vez esperanza,
tal vez soledad.

No sé si con piedad,
desgarro de enseñanza.

Vuelve a ser brisa,
reciclo hasta el tiempo.
Ahora parece más a prisa...
pero con paso más lento.

No sale de mi mente
el dudar de todo.
De querer, de algún modo,
saltarme el presente.

Gracias por Nada

Si nunca te fueses,
si siempre estuvieses,
sería como vernos,
sería tenernos.
Te fuiste un lunes,
y volviste un jamás.
Te fuiste por la mar
y yo te busqué en Túnez.

Me atreví a esperar,
y me arrepentí de la duda.
¡Dilo! Te quedaste muda
cuando me viste navegar.
Es curioso que te odio,
pero más aún que es por amor.
Es irónico que tuviese pavor,
más aún cuando era por lo obvio.
Recordaba tu silencio en palabras,
vaciaba mi alma tu almohada,
era lógico tenerte en mi mirada,
pero la lógica ya estaba abandonada.

Gracias por irte
y por venir un de nada.
Aprendí a reírme,
solo, sin mí, a carcajadas.

LLUEVE

Otra noche en vela.
Sé perfectamente que nieva
y que no tiene sentido.
Es un martirio
que yo mismo tengo en frente.
Invisible por castigo
se convierte el dolor
de mi abrigo.
Lo peor es que me he acostumbrado a él,
lo más duro
es que ya no podré olvidarlo.

Vacío que fuera puro
y arde porque no era mío.
Verme. Mirarte. Recordarlo. Sentirnos.
Creeros. Se ríen.
Tiempos muertos como mi alma,
restos que me dejan sin calma,
pero yermo.

Sempiterno sentimiento del averno.
Por favor, tirad de mis cimientos.

No te Olvido

No es que me duela,
es que no lo entiendo.

No es que no pueda,
es que ya no siento.

¿Por qué te fuiste
y por qué no te despediste?
Sigo viviendo ese momento,
cada año, cada día, como sin tiempo.

Creo verte en los reflejos.
Me hablas en mis silencios.
Me cuidas desde muy lejos.
En ti, fe ciega y amor necio.

Tú y Yo

¿Te acuerdas?
Yo te sueño.
¿Me escuchas?
Yo, en silencio.
Hablo solo,
escucho todo,
siento nada,
risa ahogada.

Recuerdo que tú solías
y que yo era más de días.
Me acuerdo de mi sonrisa
y de tu despacio a toda prisa.
Aún oigo tus suspiros,
tus antes "pasa que yo no miro".
Yo era todo tu tú.
Destinados al ataúd.

Tanto me habré preguntado,
que ya no tengo ni signo.
El mismo que me hizo digno
cuando creí ser olvidado.

Volví a mirar atrás.
Y te eché tanto de menos,
que creí estar de más.

TE QUIERO MUJER

Te quiero sin pedida,
te quiero sola,
te quiero toda.
¡Te quiero viva!

Política supuesta
y una ley estúpida.
Sumando otra muerta
nadie mueve su túnica.

Salís a la calle
y nos dais ejemplo.
Paráis nuestro tiempo,
¡Por favor, que nadie pare!

Siglos de sufrimiento
en doloroso silencio.
Historia de maltrato
y vosotras al cuidado.

Te quiero visible,
te quiero luchadora,
te quiero sin hora.
¡Te quiero libre!

CARDO Y DECUMANUS

Eres mi recuerdo de amor,
de sentido y aventura,
de vivir, *carpe diem*, ¡ardor!
Eres lujuria y verdad pura.

Te quedaste lo mejor
y me diste tu locura.
Habitación para dos
reservada en la luna.

Leyendo a Petrarca
con Dante y *limoncello*,
dibujaste tú mi marca
mejor que *Michelangelo*.

Caerme del viejo puente
y ahogarme en tu cruz.
Verme en tu fuerte
con los ojos de su luz.

Volver al centro de las flores
y sentirme republicano.
Sentir los mismos honores
que en sus grandes manos.

Mil veces a tu biblioteca
volvería sin libro alguno.
Amor como ninguno
a tu lirio de nobleza.

MALDITA

Rodeado de ti
me siento solo.
Bebo y me río de mí
cuando lo tengo todo.
Un todo ahogado
por el agua del caudal,
el que vendí como raro
cuando solo era verdad.

¡Ay! Si ahora pudiera
decirme todo sin más.
Seguro que me sería leal
aunque sin duda muera.
¡Curioso! Él en soledad
y tú... bueno tú..., ya sabes.
¡Es que no es pedir piedad
cuando ya lo haces!

Mirada fija y oculta
que me da la espalda
para reírse de mi carta.
¡Maldita hija de puta!

A veces es duro leer,
pero no menos escribir.
Por eso, yo lo hago de mí.

SOMOS

Y no he llorado más
porque no te quedaban más lágrimas.
Y no pude gritar más
porque te quedaste sin voz.

Insolencia maldita

Ciudad perdida
en mitad de la nada,
allí encontró un todo.
Tal vez no a su modo,
puede ser que fuera al revés.

Se desperezaba el día
cuando se preguntaba si todavía.
El sol acariciaba la sábana
que tapaba su figura.
Parecía ser tan pura
que no era tácita.

Decidió soñar
y entonces se despertó,
vuelco del corazón.
Empezó siendo una broma
y fue la gracia más veraz.
Ocaso y amanecer al haz
del revés de vuestra prosa.

Pensase más el fin
que el propio de sus comienzos.
Entonces se dejó ajeno el sí,
cuando se movieron sus cimientos.
Ahora calmadas las aguas
y agitado siempre el cauce,
divisará siempre bárbaras
el sentir de nuestro auge.

Recuerdo eterno
a un fugaz momento.
Descripción del sentimiento.

Tribulación Fortuita

Sigo cerrando los ojos
y sigo viendo tus ausencias.
Creen que escribo a alguien
y no saben que miro al aire.
Observé tus carencias
en los días de tus sonrojos,
cuando me mirabas de frente.
Decidiste que ya no,
no vendrías a verme.
Me dejarías pensar, llorar, sufrir.
Lo que nunca pensaste,
tal vez por azaroso,
es que sería tan cruel y vil.

Llegó el instante.
Ese sin marcha atrás.
Golpe duro de realidad.
Seguí pensando en ti,
cada día más
y cada vez menos.
Pensando en saber de mí
sin estar ni aun cuerdo.
Queriendo decir sí,
sin saber si puedo.

Déjate volar
y no me digas tu rumbo.
Loco e iracundo

el sentido de tu mundo
que yo no hace girar.

Devuélveme las cartas
y rompe la baraja
sin buscar el *joker*.
Divide tus lotes
y la mirada exacta
de tu rostro sin cara.

No te voy a negar más
ni me voy aceptar menos.
Sí, quiero ser verdad
y también, solo, querernos.

MENTIRAS DE VERDAD

Hoy te voy a mentir.
Sin reparos, a la cara.
Es cuando dijo que sí.
A mí también me pasa.

Lucha por tus sueños
y cumplirás tus metas.
Tendrás lo que prometas
y tú serás tu dueño.

Acércate a quien te quiera
porque así serás feliz.
No es que el amor muera,
ni que sea por ti.

Ante la duda déjate llevar
y en ese momento disfrutarás.

Búscate a ti mismo solo
y así tendrás tu todo.

Solo te diré una verdad.
De soslayo, casi por desliz.
Si acabas pensando de más
nunca podrás ser feliz.

BALANCÍN

Me rasga la suerte
que creía fuerte,
cuando te olvidé
al tenerme sin volver.

Inagotable fuente de pericia
es aquella que inicia
el doloroso mecanismo
del dolor y del cinismo.

Bajo mi mano
y subo mi vista.
Día nihilista
en noches de verano.

Tendidos y hundidos
mi plan y yo en el mar.
Solo un día más
me faltó de tu olvido.

Lágrimas en mis ojos
y marcas en mis puños.
Acabas con mucho,
negarte no es poco.

Yo

Lo que más odiaba de ti es
que me encantaban
tus defectos.

Despedida del Encuentro

Pues se acabó.
Es así.
Difícil de asimilar
ni fácil de digerir.
Yo dije sí
y solo escuché un no.

Carcajada a pleno pulmón
mientras sobrevuelo mi futuro.
Recostado en el avión
abandono ya el pulso.
Recuerdo el olvido
y esfumo el presente.
Sin azúcar añadido
solo sé que no miente.
Gracias por todo.
Gracias por vosotros.
Gracias por ti.
Gracias por mí.

No sé si yo me voy
o tú te quedas.
Es mejor que te muevas
y sepas lo que soy.
El loco que te sigue,
el demente que te ama.
El estúpido que pide
mejor paz que calma.

Te llevo en mi corazón,
incluso sin tener mi don.

Irónico no despedirme
porque no me dejaste
cuando quise irme.
Hoy he visto tu desastre.
Caótico canto al destino
que contigo se vino
a saber porqué,
por qué tú a merced.

Te recordaré,
te veré,
te sentiré.
Te olvidaré.

Jugando a los Dados

Estoy feliz
y no sé por qué.
Tuve ayer un desliz
y caí en mi red.
La misma que teje
quién sabe de mí,
el que quiere que deje
de una vez el sufrir.

Consiguió levantarme
y me lo dio todo.
Obvio su modo.
Se refugió en parte.
Partió para buscarse
y regreso sólo,
ya que pensó en ser el arte
de caminar como un loco.

Lanzó los dados
en mi mesa.
Dibujó los trazos
de la vida que empieza.

Piensa en pasado
para ver tu futuro.
Recuerda el presente
pues será lo que pudo.

Barco a la deriva
avanza sin remedio.
No siente miedo.

DIANA

Cuerdo confundido
en el espejo de tu olvido,
eso es lo que quiso
ser la pobreza del rico.
Gota a gota,
poco a mucho,
se llena tu charco
del que siempre lucho
y por el que no se agota.
Su hunde el barco.
No es por tu lluvia
ni por mi tormenta.
Es por la desidia
del que más mienta.
Es solo eso,
reflejo de miedo.

Pasó el tiempo
y se detuvo justo en mí.
Permitiose decir que sí
llegando al encuentro.
Le sudaban las manos
al jugar a los dardos.
Jugando sin mirar
apuntó al veinte
y se debió asustar.
Ganó para siempre,

pero perdió el premio.
Nunca supo su precio
y tampoco su valor.
¿Alguna vez se lo dio?

Evitas el lamento
y crees que así ganas.
Prometo que te entiendo
a la par que me matas.

De todo, sin duda lo peor,
es que piensas que es mejor.

GIGLIO

Santo espíritu te vio
y allí yo te conocí.
No sé cómo sucedió
En tiempo de ocre y marfil.
Curioso que siempre,
pero también que nunca.
Que vas y vuelves,
que siempre me buscas.
Tres ciudades
y muchos mundos
vivieron cundos
nuestras edades.

Estuve a tu lado
y tú en frente,
cuando nadie miente
después de amado.
Dos idiomas
y cuatro casas,
donde me tomas
mientras pasa.
Vestido verde
y ojos azules
muestran mi suerte
y hablan de verte.

Intuyo que callo
aquello que tú

ya me dijiste.
Sé que existe
el dicho tabú
de tu descaro.
No sé si es miedo
o complejo,
pero te pido remedio
para tanto alejo.

O bien habla de Dante
o idioma de caballero.
Por favor ponte delante
y déjame ser tu Homero.

QUIMÉRICO

Ni te imaginas lo que siento
porque ni yo lo sé por dentro.
Te veo cada día
y me maldigo.
Callo mi osadía
y por decir no digo.
Me hunde el pecho,
me destroza el peso,
me siento sin techo.
Te pido solo eso.

Irónico es poderte
y más aún tenerte
cuando ni lo sabes,
ni tú si quiera intuyes.
Vengo a ti cuando huyes
a buscar tus llaves
para abrir la puerta
que siempre estuvo abierta.
No sé si juegas,
pero dime si niegas.

Estoy harto de esto,
tanto que me duele,
tanto que suele
decirme que molesto.
Pretérito infinito
y destino inocuo.

Razón de un loco
en la cordura del delito.

Dejaré de buscarte
con la esperanza de encontrarme.

Antaño

Si te preguntan
di que no fue un error.
Di que nos equivocamos
de momento,
pero no de tiempo.
Calla lo que mientes
y grita lo que sientes.
Apuesta a perder
sabiendo ganar.

Diles la verdad
escuchando tu mentira.
Hazlo como sabes,
grítalo con ira.
Del dominio de Hades
sacaste tu mirada
que me diste de soslayo
cuando vi tu nada.
Sabes que no te creen
porque no lo ven.
Crees que no escuchan
lo crudo de tu lucha.

Sé que es duro:
es hablarlo crudo.
Te he visto llorar
por no saber qué decir,
por pensar que sí,

por intentarlo de más.
Un grito ahogado
en un día pasado por agua.

Destino ilógico
el que escribías
en tu cristal.
No salía del mal
mientras veías
mi amor tácito.
Se levantó el sol
y quedó una sola;
síntesis veraz.
Iluminó de sol el haz.
Sin duda, estabas loca.
Una palabra: amor.

Sentimiento de antaño.
Se suponía que esto
acabaría sin hacernos daño.

Ese día olía a chimenea.
Recuerdo que tú ibas
sentada a mi lado en el coche.
No recuerdo si noche o día,
pero estaba nublado.
Hacía frío
y queríamos estar jugando.
Jugamos a parecer locos
y se nos dio bien.
Tanto que pocas fueron
las cien veces
que te dije adiós.
Hasta que fue para siempre,
hasta que nunca se fue.

Detenidos en el arcén
sin saber qué hacer.
Tú y yo. Yo y tú.
Nosotros. Vosotras. Ellas.
¿Por qué? Bajaste la ventanilla.
Se heló y no solo el cristal.
Tal vez buscabas la razón para decirlo.
Tal vez admitirlo
no era el son de tu melodía.
Puede ser
que te dolía más verbalizarlo
que tenerlo en mente.

Analizar lo que sientes
no es mejor
que ver lo que tienes.

Mis hombros estaban ya erráticos
de tanto esperar
cuando recibieron tu golpe.
Hierático el rostro
al ver tu semblante torpe.
No acertaba a soltar el volante
para sujetar mis rodillas,
cuando vi que tus mejillas
ya lo sabían.
Tuve la osadía
de intentar hablar,
pero solo pude gritar:
un grito sordo
que pudieron escuchar las estrellas.
Absorto en ellas:
así me quedé cuando te fuiste
hacia la nada
mientras yo
miraba las cenizas.

El Techo

Me duele tanto pensarte
que quiero aprender a odiarte.

HOMO SAPIENS

Tú sabías
que yo sabría hacerte saber
cuánto me sabía sabio
de tus saberes.

En resumen: tú siempre lo supiste
 y yo no lo sé ni ahora.

Maldito Rumbo

Si me estás escuchando
creo que lo mejor es verte sudando.
Me has dejado tantas veces loco
que ya no sé ni por poco
por dónde salir.
Al ver, al vivir
tan mal como siempre
de lejos si nunca.
Tiro en la nuca
por no vivir como sirviente.

Vivo de rodillas
mientras en el puto *gym*
tú haces sentadillas.
Cigarrillo y cerveza sin,
mientras yo toco tu mierda
con mis manos, sin guantes.
Lo que tú llamas inmigrante,
yo lo llamo esclavo
y lo que tú llamas familia humilde,
yo lo llamo muerto de hambre.
Que es fácil defender a Hitler
cuando eres rubio y blanco.
Pero ya no lo es tanto
cuando tu hijo se cambia de bando.

Deja de pensar qué decir
y ponte a atacar al más vil.

Al sucio del dinero
que por la tele rotulan banquero.
Al que juega al *Monopoly*
con los sueños de mi hijo
y los billetes de mi finiquito.
Y tú, mientras, apuntando en tu *post-it*
la fecha del último gobierno
que bajó 2€ las pensiones
mientras tú te tocabas los cojones
y yo me ahogaba en mi infierno.

Que mientras tú vives
yo leo a Delibes
para ver si encuentro el camino
para limpiar esto de ratas
y no tener que ser el emigrante
que perdió su diario.
Ahora escucho la radio
donde dicen que es importante
saber que acatas,
pero aún más tu destino.
Voy en el metro
y es de noche.
Toque de queda pasado.
Mis zapatos algo retro
y faltos de derroche,
porque incluso son robados
de no sé ni dónde.

Escalinatas hasta casa
empinadas como enero.
Acabo el día entero,
pero sin saber qué pasa.

Mi Ventana

Y ojalá no tenga que verte nunca,
y *dios* quiera que no tenga que hablarte siempre.
Es tonto escribir y aún más leer,
sobre todo si estás escuchando.
Empiezo esa carta de la mejor forma que sé,
sin sentido.
Empezando por decir nada
para acabar sintiendo todo.
Estoy mirando la ventana
y no hay nada al otro lado del cristal.
No sé si es de noche
o que ya ha llegado el final.
Me acerco a abrirla
y veo mi reflejo,
el mismo que, sin mí, solo dejo.
Empuño, giro y me detengo.
Pienso que para qué lo miro y ya lo tengo.

Bajo las escaleras apresurado,
como si al final estuviera mi regalo.
No acierto a coger las llaves,
aún no he abierto y ya lo sabes.
Gruñido de una puerta
que da la esperanza,
pero que deberá buscar mi semblanza.
Ahora estoy fuera.
Y sí, es de noche.
No hay nadie.

Solo veo coches sin viaje.
Voy hasta el final de la calle
como si buscara algo,
pero sin saber qué encontrar.
Llego a la esquina,
me salgo de la carretera
y pasa sin mirar.
Creo que me mira de soslayo,
pero yo callo hendido de ira.

Silencio.
Solo se escuchan las ondas
de la única farola de la ciudad.
O al menos eso me parece a mí.
La oscuridad me abraza
con su túnica mientras se queda sola.
Deshago mis pasos ahora
mucho más despacio.
El tiempo es relativo
y mucho más el espacio que tú dejaste.
Esquivo el momento de mi desastre.
Justo antes de entrar vuelvo a mirar atrás.
Loco o cuerdo,
veo el mismo lugar.
Lo que antes fueron segundos,
ahora son horas. Escalón a escalón,
sin demora,
hacen que pierda la razón.

Me tiro en el sofá
y miro la misma ventana.
Sin faltar a la verdad,
sigo viendo lo mismo,
nada.

Una cita en Ningún Lugar

Las manecillas parecían ir
más rápido que nunca.
"Seguro que se trunca la suerte
del ávido segundero
al dar en punto".
No encontraba ningún pero,
mas no pensaba ir.
Nunca más junto a él.
"Mierda, otro minuto más".
No es cuestión de ser cierta,
es que ya no era verdad.
Ya no podía ser.

Acariciando suave e irónicamente las vías,
el tren llegó diez minutos antes.
Otra vez el vaivén
del inicio de la mañana
que conseguía espabilarlo.
El paisaje corría por la ventana
tan rápido como sus pensamientos.
Llegaba a tiempo,
pero el equipaje era el de mañana.
Pensó en dejarlo en el ayer,
pero no tenía su resguardo.

El reflejo de su cara en el charco lo decía todo.
Parecía no ver el modo de darlo por perplejo.
El tiempo se dilataba

en las puntas de su reloj.
Era un error esperar,
pero no pensaba hacer nada más.
Se prometió que
jamás dejaría pasar esa oportunidad,
nunca era buen momento
para enfrentarse a la realidad.

Lo sintió.
Estaba justo detrás.
"¿Qué haces aquí?".
"Me has llamado tú, sin más".
Tensa calma en la estocada de sus ojos.
Despojos de la olvidada alarma de su sentido.
"¿Y por qué has venido?".
"No lo sé".
Se detuvo el viento
y cesó la tormenta.
"Yo solo quería decirte que no miento".
"Pues busca alguien que no te mienta".

EL CAMINO

Se encendió una tenue luz
en mitad del cielo.
Caía sin maldad con sigiloso vuelo.
No era igual
a todo lo que hubiera visto.
"Existo porque pienso
y siento porque resisto",
se dijo mientras oteaba el camino.
Se iluminaba con atino
para descubrir
su esperanzador destino.
Pensó que no volvería a sufrir
porque robó su propio devenir.
Ya no es agobio,
es consciencia del sentir la realidad.
Es el momento
de sentirse de verdad.

El sendero era
cada vez más amplio
y la luz cada vez más ardua.
El ocre se tornaba azul
y parecía presagiar
un poco de agua.
Miró otra vez el sobre
y pensó que estaba todo.
Decidido en el paso
y ávido en la mirada,

se dirigía tácito hacia el ocaso.
Era el día,
era el momento de esa misiva
que nunca consiguió ser recibida.
Amalgama de colores en el paisaje
y desgana en lo más profundo
de su coraje.
Los honores que creyó ver dispuestos
ahora ni siquiera eran honestos.

El bosque parecía no tener fin.
Hacía frío
y parecía que no iba a existir.
Un sentimiento extraño
invadía su cuerpo.
Parecía en compañía
sin tener a nadie de antaño.
Estaba como puesto por azar
en aquel sendero
que lo dirigía hacia ningún lugar.
El haz de luz se precipitaba ágil
hacia el final.
Era como una frágil estrella
caída del firmamento para alumbrar
su sentimiento.
Sabía que sí,
"era justo lo que vi".
Era el secreto sempiterno
que se quedó justo en su amuleto.

El final de la vegetación
era una realidad
en un cercano percal de desazón.
Irónica valentía se dibujaba
con extraña melancolía en su rostro.
Estaba preparado
para ver el lugar donde el destino
le mostró que debía llegar.
No. No lo podía creer.
Era imposible. ¿Por qué?
Tanto esfuerzo iba a ser baldío.
El mismo recorrido había tenido el destello
que su camino.
Oscuridad. Miró hacia abajo y solo vio el mar.
Sentado en el vértice se contrajo de hombros
y comenzó a silbar.
No había un ápice de pesadumbre
en la melodía.
Ahora sonaba la música
justo en su cumbre.

San Lorenzo

Bajo la más sombría luz
se encontraba sin saber
a dónde dirigirse.
Estaba seguro de por qué había ido hasta allí,
pero ni la más remota idea
de qué sucedería
se le iluminaba en el entrecejo.
Volvió sobre sus pasos sin girar su cuerpo.
Llegó hasta el coche y abrió la puerta.
Lejos de huir despavorido,
trepó por la ventanilla
y llegó hasta el techo.
Simplemente se tumbó a mirar el espectáculo
que desgarraba silenciosamente la noche.

Aquellas fugaces
—y, a la vez, eternas en su memoria— pinceladas,
le recordaban la razón de su visita.
Diez años después, se encontraba en el mismo lugar
donde empezó el sueño.
Día a día,
noche a noche,
se había ido construyendo el castillo de naipes
que solo su soplido logró derrumbar.

Ahora ya sólo cabía una posibilidad:

despertar de la pesadilla o dormir para siempre.
Ese era el as.

AL BORDE DE NADA

Había una vez
un tiempo de veces.
No crecía con creces
el pequeño pez.
Pasó el tiempo
de querer bucear,
de dejarse llevar,
de no correr lento.
Corriente turbulenta
de agua con pimienta.
Ni turbia ni clara,
simplemente de cara.
Sí, estaba fría.
Tanto que dolía.

Burbujas que salen
con aire que entra.
Sueños que evaden
verdades de seda.
Estaba en la orilla
y no sabía qué hacer.
No era cuestión de poder,
¡era vivir la pesadilla!
Más se movía,
más se hundía.
Esta vez no era agua.
Se entierra sin pausa.

Convertido en despojos
pierde la mirada de sus ojos.

Busca piedad del destino
y lee su propio futuro.
No sé dónde lo puso,
pero sí de donde vino.

Cayó en la cuenta
de que solo hay que contar;
vivir rápido la vida lenta.
Aprender las cifras del azar.

Tuvo que saber pedir,
pero no lo hizo su forma de vivir.

Himno

Intenté pensar en todo
y vino a flote el recuerdo único.
Quise no poseer
irónicamente lo que
en algún
momento fue su tino: mi certeza.

No fue una proeza
llegar a deducir
lo que parecía una verdad
hace mucho tiempo.
Detuve mi realidad
y volví ocho años atrás.
Anduve por el foco de mi dolor
el mismo tiempo que duró
esa canción que tanto oía contigo.

En fin,
himno sin letra
y ejército sin soldados.
Así siento
que es mi existencia etérea
en el campo de los olvidados.

PANTALONES BOMBACHOS

¿Qué habrá sido de vosotros?
¿Dónde estaréis ahora?
No era que no tenía otros,
eran tus aires de loca.
Principios italianos,
con tintes bombachos,
los tildaron los gabachos
de miradas del lozano.

Casi crecer contigo
y venirse a mi abrigo.
Tender de tu ombligo
hasta ni siquiera amigo.
Tentempié en tu casa
y merienda de la nada,
cada casi sin quererlo acaba
con tu ser en mi mirada.

Cielo como el azul
y agua como la clara.
Así vistió de tul
tu todo y mi nada.

DIGAMOS QUE DECIMOS

Digamos que fue el azar,
que lo deja para luego
y que va detrás de su ego.
Esta vez sin disfraz.
Pongamos un sabor:
agua, fuego y clamor.
Regala dulce caricia
con postre de desidia.
Se remarca en su atención
que no busca la proeza,
de creerse con certezas.
Solo huir de su prisión.

Se mezcla entre mortales
buscando puertas pares,
para que pienses que puede
ser lugar de tu suerte.

Hablamos de frases deshechas
en conversaciones maltrechas.
Supe sentir tus latidos
eternos y decaídos
cuando quería ser real,
cuando te tenía de verdad.

Ahora vagas cuerdo
cuando muerdo tu manzana.
Temprana caída del árbol
por el calor de tu invierno.

Mañana recuerdo pasado,
usado mal por tu sueño.
Dueño de mi pesadilla
va a hurtadillas a tu cama.

El banco del Cercanías

Decepción tras decepción,
intento tras intento.
Háblame de aquello
que poseo, pero no tengo.
Dame aire sin pensar en la suerte.
Tenme seguro en nadie
sin pensar en la muerte.

Estoy como ese banco.
Solo y decepcionado.
Viendo pasar un tren
que fijo que llegaría.
El que siempre vería
con desdén al pensar mi cimiento.

Después de tanto esperar
llegó vacío.
Hastío de ser siempre
el malogrado del engaño.
El juguete roto de antaño
pensando no ser sirviente
de la verdad de lo mío.

Hoy acudo a mí mismo.
A decirme que lo siento
y que te jodan.
A pensar en todas esas veces que creí
para ahora dejar de tener fe.
De creer en la honestidad.

De asumir la mierda
de verdad.

Vives en una vida
de mentira
y toca asumirlo.
Es duro vivirlo,
pero más ser la lira
o la viola. La que suena
viendo libra
o cuando lloras.

Apaga la radio,
escucha el aire,
y recuerda ser
de nadie.

VICTORIA

Rompiste mis adrentos
como yo hablaba de enojos.
De los tupidos sonrojos
de la calle de atrás.
Cuando ya no daba más,
cuando el sol se ponía.
Calles de antes y ahora vías.
Recuerdo tu nombre
y nombro tu recuerdo.
Lo llamo victoria
porque fue de memoria
lo que hice poco cuerdo.
Buscar contigo el norte.

Te quise, me enamoré.
Pensé que siempre dices
lo que pintas en tus grises.
Sonrisa de lado
y ojos de frente.
Te buscaba en las ventanas
de mis sueños.
Me asomaba luego
para ver si aún estabas.
Pero entonces sonaba
tu alarma y yo estaba.

Hablando de amor
y de cosas que no fueron,

pensemos en mis miedos.
Si no fuera por ellos
y por mis tontos anhelos
haría más calor.
Tengo frío
y no es invierno.
Coge tu cuaderno
y dame el mío.
Escribe solo una palabra
y dila en voz alta.
Sabía que sería justo eso:
yo también soy intenso.

Llamada del Pasado

Déjame decirte
que no tengo dónde irme.
Que me he acordado de ti
a carcajadas y al reír.
Me llamó ayer.
Otra vez.
Sonó el teléfono
y pensé en tiniebla,
en ciprés y cuervo.
Al final era el siervo
de la conciencia
que siempre vive solo.
Llamaba para preguntar
por ti,
pero se cansó de esperar
por mí.

Me puse a recordar
el futuro que me depara.
¡Que ojalá me dé para
poder vivir sin bondad,
pero dé parada con la vida!
Vi dardos volar en tu juego,
a tu ego apuntalado de diva.
Yo centré tiro en la diana.
Tirando al doble veinte
caí en doce simple.
Remonté en diez triple

para ser tu sirviente
con toalla en La Rijana.
No pises más mi arena
blanca y fina,
como piedra marina
que aguanta la presa.

Volvió a sonar
y ahora hablaba de mí.
Familia y hermano,
me tiende su mano
con tono del cariz
de un dulce cordal.
Punteo y notas suaves,
estribillo de las calles
que un día me vieron
crecer en sus adentros.
Ser el amor de sus vientos
que cantaron nuestros cuentos,
como juglares del medievo,
aunque con mucho más miedo.

No te negaré añoranza,
ni mucho menos esperanza
de llegar al mismo sentir.
Pero menos puedo mentir
que me alegré de todo
y aún más de nada,
de haber tenido el modo
de ser soledad acompañada.

Sol y Miento

Me asomo a mí balcón
para ver el sol
cuando cae la noche.
Veo que rezuma derroche
la gente que baila al son
con agua y sin alcohol.

Cambios, devaneos,
miradas de una vida
que sin distancia mira
a lo que antes eran tardeos.
Medianoche yerma
como cuando se yerra
al pensar que se cierra
y es día de juerga.
No sé si soy muy joven
o tengo la edad del loco,
de las voces que oyen
decir que últimamente llueve poco.

Sequía en las calles
y desierto en los bares.
Eso toca vivir
para presentir
que va a ser más duro
salir de este barullo,
que parecía añil,
pero que está siendo carmín.

Pisadas lejanas escucho.
Parecen ser de luto.
Caminos obligados
a aquellos amparados,
no por la ley,
sino por ser su buey.

Tanto es cierto
que no es falso
si hay tanto muerto.
Miran a otro lado
para hacer panoja.
Y ya no les sonroja
decir que te han usado.
¿Que el parado se ahoga?
Igual da, si no vota.
Rota la igualdad
vendrá dicha la mentira:
decir que es verdad,
que ella no se alquila.

Política del pueblo,
ignorantes de muertos.
Estadísticas de nadie
mientras su botín ríe.

Dame y Doy

Déjame decirte
que vestirse
no es tan fácil
y desnudarse
puede ser complejo.
No es por tener complejos
sino por ser de carne
y no de pellejo.
Arriba, abajo, arriba, abajo.
Dentro, fuera, fuera, dentro.
Respiración entrecortada
en juegos de miradas.

Mírame.
Mírate.
Salta.
Vuela.
Aire.
Cabalga como si fueras
a llegar tan lejos
como quisieran tus sueños.
Tan temidos en halagüeños
que se funden
con el oscuro de mis cimientos.
A veces miento
cuando digo que pares,
y si te doy más fuerte
es por ser dos mitades.

A ver,
que no quiero ponerme profundo,
pero que cojo y me confundo.
Creo que me trastocas
planes que ni he hecho
y que me como tus flanes,
y no por despecho.
En fin, ya me lo dije:
déjame decirte que
vivirte no es tan fácil
y que follarte
puede ser versátil.

VITOSHA

El ovillo de tu mejilla al reír. Ahí se quedó mi sueño de ser tu hebilla. Miras de reojo mi futuro por el retrovisor de tu presente. Metes sexta y ya estamos donde siempre: en mi pasado.

Hierática, recta, impasible, como sumida en ti misma. Me temo que paso miedo al ver que te diriges hacia mí tantas veces como lo necesitas. Que creo que me evitas, cuando ni siquiera hay luz cuando miras.

Empiezo a bajar para aterrizar en la sabana sin leones. Majestuoso manto blanco el que se perfila cuando veo pasar el vagón por los raíles. Hay cientos, veo miles. Pequeños ojos encendidos que siento que miran mi destino.

El pequeño salto me recuerda que estoy en tierra. Me hace que advierta algo en ese maldito monte ceñido de tersura, que se ve por la ventanilla de mi idilio. Lo olvido y el fuego me recuerda que es mi realidad. Hace mucho frío, pero yo tengo calor. Hago de color el gris que tenía en mi interior.

Acabo de recibir un mensaje al quitar el modo avión: eres tú y tu platónica virtud.

Empieza el viaje; dejemos que pase.

Cárcel

Los barrotes limpios y relucientes parecían reírse de mí. Era la broma más irónica de mi sufrimiento. El caso es que estaba sentado tan impasible que parecía conforme. Enorme era la distancia entre yo y mi reflejo mismo. Faltaba tanto sentido que podía verlo perdido en mis ojos. En lo profundo de mi garganta y en el nudo de mi estómago. En la respiración entrecortada del *sprint* de mi corazón al pensarme.

Paró todo.

El suelo seguía helado y mis grilletes eran parte de la jaula. Un silbido tenue y tremendamente agudo abrió la puerta. Una pequeña rendija de libertad se sentía en una estancia rota.

Yo seguía mirando la misma estrella que alumbraba la habitación de al lado y sumía en tiniebla la mía. Era tanto así, que podía ver los rayos de la contigua en el reflejo de los árboles. Era tan doloroso ver su luz como sentir mi hambre y angustia.

Por la puerta reptó algo a lo que nunca pude ponerle nombre. Se quedó mirándome aún más ojiplático de lo que yo podía devolverle la mirada. Señaló la ventana, me acarició la mejilla y se evaporó por la mañana.

Una nube gigantesca envolvió mi luz. Una explosión enorme y después lo de siempre: nada. La puerta se volvió a cerrar y el blanco del cielo se había apagado. Me levanté, después de tanto tiempo sin hacerlo, que mis piernas no sabían ir hacia ella.

Seguía la luz al otro lado y el reflejo en el bosque. En mí: la misma oscuridad.

TUS GAFAS Y MI DESTINO

¿Sabes qué siento cuando no sé qué sentir? Tu carcajada que se clava en los más profundo de mi sed. Cuando no sé qué ver miro tú reflejo en el escaparate de tu tienda favorita. En el momento que no sé dónde estoy, busco la primera esquina en la que te besé. Tus manos, mi chaqueta, mi miedo, tus dedos, todo.

Nueve días pasaron del viernes trece para poder empezar dieciséis veces a contarte por qué me mataste veinte veces. Once meses tuvo el año en el que olvidé cuándo dejé de sentir el aire. Seis días tuvo la semana que decidí olvidar por qué, por qué doce. Y entonces decidí que ese dolor tan enorme me acompañaría por siempre.

El cristal de tus gafas nunca refleja tu mirada porque le da miedo. Teme saber qué esconden tus ojos. Prefiere divertirse con los mechones de tu serpenteante pelo que juega a ser un río bravo. Le pasa igual que a tus rodillas: a veces sabe que están solo para chocar y proteger el resto. Ambos temen romperse, pero siempre resisten a tus locuras torpes.

Otras le pasa como a mi destino, lo dejas caer y se acaba haciendo añicos.

ESCALANDO

El cuello blanco ceñido de tu jersey justo en el corte de tu pelo es lo que me distrajo. Fue el filo desdoblado o puede que un hilo suelto. O tal vez fue tu mirada al vuelo en mis ojos. O quién sabe si tu sonrisa, que hacía mis coros. El caso es que perdí el discurso e incluso el aire. Nadie sabía qué decir y yo esperaba iluso.

El caso es que pasó lo de siempre. Nunca era yo y siempre el resto. Igual que el futuro funesto del pobre escarabajo que llegó a tu terraza. Con todo su trabajo pensó que su refugio sería tu casa. Se contagió de la esperanza que emanaba tu perejil recién plantado. Tierra húmeda y un sinfín de sentimientos encontrados. Así comenzó el pequeño insecto su hogar en forma de esfera.

Media jornada de labranza para tener un cuarto del doble de lo que imaginaba. Se recostó en la rebaba de la única hoja viva de tu cinta. Sueño plácido sin prisa que despoja su deriva. Sale el sol, se levanta la luna y las bajas nubes. Se escucha la ventana. Solo tú sabes que subes y que lo haces por nada. Coges el puño para hacer las paces con tu propia alma.

Ventana de par en par que precipita su caída. No sabemos si final o si habita en su valía. Tan solo descubrimos que, por tu inconsciente y banal osadía, él sufrió un revés a su destino.

El Encuentro

"Pues claro que es normal que tus ojos se claven en mi alma. Y claro que entonces pierdo la calma. Es como un paisaje yermo donde comienza mi viaje", leía en su azucarillo mientras el titileo de las cucharillas lo despertaba. El alba le había clavado la puntilla. Aquella llamada que nadie quiere recibir.

Se levantó sin saber muy bien dónde ir. Se dejó llevar por el devenir del desdén. Bajando la misma calle encontró otra esquina. Por un momento olvidó su inquina y entró. Se quedó mirándome, pero yo no lo sabía, esa era la ironía. Avanzó tan lentamente que podía sentir sus pies deslizarse por el suelo. Parecía combatir en un duelo y pensaba alzarse con la victoria. Comenzó a rodar la noria.

Ninguna mesa completa y tampoco vacía. Se sienta a mi lado. "¿Buenos días?". "Encantado". Estrecho la mano y siento que es él. Es aquel por el que miento y no sé si en vano. No sé qué decir. Silencio. Minutos, horas, ¿segundos? Despacio. Mensajes muy rotundos.

Deja el maletín, cuelga el sombrero, se gira y muestra su sinfín. Atónito de ira, me calmo y encuentro respuesta. Hago de su mira mi paso, y demuestra su descaro. Supe encontrar su amparo, y él supo ver mi sentimiento. Entonces siguió su eterno camino, y yo me quedé en mi momento.

Tu jersey suave

Otra vez llevabas ese jersey suave que me encanta. Ese que sabes que acaricio por ley. Como un patricio al romano que sabe que va a ver por última vez, te digo: "¿Me guardas la vida en tu media sonrisa?". Perdonas mi futuro con tu seca mirada. La dada misma que detiene de puro mi tirada.

Recompongo mi figura erguida sobre mis codos, mientras te busco con mi cintura. De un brusco giro de todo te sientas en mis deseos. Pisas mis miedos. Te acomodas en mis sueños. Te pones en pie en mis recuerdos.

Te busco con una mirada que encuentra un océano de agua dulce. Un verano sin playa ni sol. Una atalaya sin vigilante. Un viandante sin camino. Un atino sin intención. Un corazón sin cabeza. Una sutileza sin... en fin, perdona por quedarme dormido en tu hombro, tu jersey mullido ha sido mi colmo.

La bola de tu Gorro

Qué graciosa la bola de tu gorro. Ese azul y rojo que te pusiste para verme cuando yo no fui. Iba saltando con tus pasos. Derecha. Izquierda. Arriba. Abajo. Era hipnótico imaginárselo cuando ni siquiera sabía qué iba a pasar.

Llegaste al centro y yo aún en el extrarradio. Te percataste de que ya no querrías volver a coger el cercanías justo cuando cerró la estación. Yo estaba dentro. Yo acababa de bajar del último vagón. Yo vi cómo se cerraba esa puerta. Yo vi entreabierta la aurícula de mi corazón.

Decidiste seguir el mismo devenir que la bola de tu gorro. Abajo. Arriba. Izquierda. Derecha. Mientras yo me quedé encerrado en el sol, tú decidiste buscar la luna. Pensaste en coger el tren a las dos, pero se retrasó hasta la una. *¡Ding dong ding!* Estrambótico final para el único de ninguna. Para el siempre del jamás. Para lo que llamaba la suerte del impar.

Anuncio de una Despedida

Me desperté y te vi tumbada en mis sueños. Lejos de mí, pero a mi lado estaba tu sentimiento de culpa. Un grito susurrado a mi nariz me olió a excusa. Dijiste que ahora sí, pero mañana no; negaste que, a futuro, tal vez, pero que ayer, será tarde. Me quedé perplejo cuando te despertaste. Entré yo en tu pesadilla.

Los pimientos verdes se volvían amarillos y los rojos se amorataban. Los plátanos demasiado negros y la papaya verde. En la nevera el mismo imán de nuestro último viaje y dentro lo mismo que en tu alma: mantequilla derretida y un tomate pocho. El pan duro y el tostador negro, el café frío y la leche cortada. Mirada fija en el reloj: las nueve. Llegas tarde, muy tarde. Has perdido el tren.

Vas a buscar las llaves en el cuenco de siempre y encuentras algo ya conocido: vacío. Yo también llegaba tarde y he sido más rápido. Una nota en la puerta: "Me he llevado el coche. Baja la basura". Te vistes lentamente, ya no hay nada que hacer. La bufanda está más mullida que nunca y los vaqueros más fríos que mañana. Tus gafas empañadas y el cristal lleno de vaho. Alzas el dedo y escribes el mismo mensaje que en ese *post-it* de la puerta de mi alma: "Que te vaya bonito". Coges la basura y cierras por última vez esa puerta, y mi boca.

Algas, muchas algas. Eso era lo único que podía ver con los ojos todavía empañados de la espuma del bravo mar. Aún tenía medio cuerpo en el agua y estaba realmente helado. "¿Cómo era posible tener tanto frío en julio?". Sin saber por qué estaba pensando esto, se intentó poner en pie apoyándose en el codo izquierdo. El dolor que le atravesó el hombro era tan fuerte que creía que había perdido para siempre el brazo. Nuevo intento al otro lado y mismo resultado. Consiguió voltearse con las rodillas y se quedó viendo la nada en el profundo azul del cielo, hasta que cerró los ojos.

Era noche y la marea había bajado. Estaba a unos cinco metros del agua y completamente seco. Sorprendido de poder verlo todo por la intensa luz que proyectaba la luna llena, consiguió arrodillarse y comprobar que su vida no corría peligro. Tampoco tenía nada roto ni desmembrado. Un atroz relámpago de pánico le recorrió el cuerpo al percatarse de que el pensamiento de perder un miembro ahora le resultaba familiar. "Es el momento de buscar a los demás o lo que quede de ellos", pensaba mientras buscaba en su bolsillo derecho la brújula y la navaja que recordaba haber cogido.

Más de doce mil pasos contó sin ver un solo cuerpo ni alma vagando, por lo que no sabía si era una isla. Sentía tal angustia y tal dolor que cualquiera de las heridas que tuviera no le hacían sentir ni un leve resquemor. Tomó dos minutos para sentarse, coger aire y dar el siguiente paso. En ese momento vio una luz en la delgada línea del horizonte que titilaba sobre el océano. No lo pudo evitar. Comenzó a llorar tan amargamente que no brotaban lágrimas. Era un llanto del estómago, de las entrañas. Se convirtió en un grito ahogado, escuchado solo por la niebla que comenzaba a levantarse. Ahí comenzó el diálogo interno más duro de toda la historia de Adil:

—¿Por qué salimos al mar si sabíamos qué podíamos morir?

—Era elegir entre estar seguro de abrazar a la muerte o de mirarla a los ojos.

—¿Dónde estarán Amina, Akram y Ghada? Si han muerto, solo quiero buscar el acantilado más alto y saltar.

—Estábamos cerca de la costa y no hay ningún cuerpo en la orilla. Se habrán adentrado en el bosque buscando civilización.

—¡Pero mírate! Si tú estás destrozado, ¿cómo van ellos a haber ido tan rápido?

—Al fin y al cabo, la peor parte ha sido para mí. Seguro que ellos quedaron en el bote pequeño y pudieron llegar sin peligro. Estarán cenando.

—O puede que destrozados en pedazos contra las rocas afiladas que se veían en la lejanía del estrecho.

—Deja de culparte, compadecerte y hundirte, ¡pedazo de estúpido! Tenemos que levantarnos y buscarlos, en vez de perder el tiempo con los mismos pensamientos de hace ya más de un año.

—Busca algo para matarme y terminemos con esto. Al menos, así dejaré de sufrir.

Miró fijamente la navaja e hizo una prueba: sesgaba sin problema el tronco del árbol más cercano, no sería diferente con su muñeca. Después de más de doce minutos mirando la hoja sobre su piel se hizo un trato a sí mismo: veinticinco mil pasos, y si no los encontraba, todo habría terminado.

Se adentró en la maleza con las primeras luces del alba y anduvo durante más de cinco horas con el ritmo más pausado que recordaba en su vida. El cuerpo parecía pesarle una tonelada y su mente ya sólo se centraba en contar pasos y en imaginar cómo brotaría la sangre en el veinticinco mil uno. La cuenta atrás de su vida había comenzado y él ni siquiera parecía preocupado por ello. No sabía si verlo como un fin o como un alivio.

Paso 18.764 y llegó al desierto. Una llanura baldía se mostró majestuosa ante él. Impertérrita. Haciendo un cálculo aproximado con sus estudios de topografía aproximó que tendría unas dos hectáreas yermas delante de él. Antes de proseguir con el devenir estúpido y cruel de su camino, predijo el exacto punto de la mole de arena en el que moriría. Los pasos y su tranquilidad aumentaban cual aguja de reloj al recorrer la esfera para dar las horas, mientras su esperanza de vida caía en picado como la luna para dar paso al día.

Arrastrando sus pies de reo en el corredor de la muerte, Adil acertó con la única piedra del camino para tropezar en su paso 24.998. Arrodillado y con las manos abrasadas por la arena de todo el día, quiso empezar a gritar, pero no tenía nada dentro. Lo único que encontró en su alma fue una mezcla de odio, dolor y alivio.

Se dejó caer del costado derecho. El codo izquierdo le dolía a horrores y ya que iba a morir, quería hacerlo de la forma más cómoda posible. Nunca lo había pensado antes, pero no sabía con qué fuerza ni dónde tenía que apuñalar las venas de su muñeca para morir lo más rápido posible. Imaginó que debería ser lo más cerca de la mano posible y clavando la punta de la aguja lo más incisivamente que fuera capaz.

"Se acabó". Cogió la navaja, extendió los brazos lo máximo posible para no mancharse de su propia sangre y hendió fuertemente el cuchillo en las líneas azules donde supuso que estaban sus venas. Al momento empezó a brotar sangre como nunca antes había visto. Entre el dolor, la fatiga y la pérdida de sangre, su cabeza golpeó violentamente el suelo, dejando sus retinas fijas en el horizonte que sujetaba una preciosa puesta de sol. A Adil le pareció una bonita metáfora natural del fin de su vida. El último destello de luces en el horizonte precedió al espasmo de su cuerpo y su posterior caída. Firme, pero dulce, hasta lo más bajo de la colina de arena donde estaba.

—¡Está bien, está bien! Papá está bien.

Adil pensó estar en el cielo al escuchar la voz de su mujer y ver la cara de sus hijos. Los tres lloraban y a la vez sonreían. Parecían estar sanos y contentos. No cabía duda, había corrido la misma suerte que ellos y estaba en el mundo divino del definitivo reposo. La muñeca le dolía y el codo parecía no estar en su sitio, pero eso no le importaba lo más mínimo ahora. Todo parecía haber terminado.

El enorme abrazo de su familia le dejó ver, a través del cristal de la habitación en la que estaban, un enorme cartel rojo y blanco con la frase "Ankara mülteci kampı" justo en el centro. A la derecha, mucho más pequeño, y en su lengua materna, pudo reconocer lo que llevaba más de tres años soñando con ver: مخيم أنقرة للاجئين. أهلا وسهلا (Campo de refugiados de Ankara. Bienvenidos).

SÁBADO NOCHE EN MADRID

Son las 22:12 y vuelvo a estar ahí, vuelvo al mismo lugar de siempre. Segundo asiento empezando por la derecha del séptimo vagón. He dejado de hacerlo por estar tranquilo, ahora lo hago porque los demás lo estén por mí. Sé que quedan exactamente siete minutos y catorce segundos para llegar a la siguiente parada. Mi parada: Tribunal.

Estoy algo cansado, pero no más que siempre ni menos que nunca. Cuando quedan solo dos minutos para llegar, veo que la alarma silenciosa de incendios parpadea. ¿Habrá un terrible caos en la siguiente parada o será un error técnico que lleva ahí dos semanas? Estoy tan cansado del día que casi ni me importa qué opción sea la acertada. Subo la música de mis auriculares y me acurruco en el cuello de mi chaquetón.

Ding dong ding. El chasquido metálico de la puerta me recuerda que tengo que ponerme en pie. Abro los ojos y busco la salida más cercana por la que prácticamente repto hasta la primera escalera mecánica. Una, dos, tres y cuatro. Ya estoy fuera y hace mucho frío. "Me tenía que haber quitado el chaquetón para ir en el metro, joder". Giro tres calles a la derecha, dos a la izquierda y émboco la avenida principal llena de gente. Se nota que es semana de rebajas y está el centro a rebosar: "¡Hoy puede ser un gran día!".

Como siempre en estas situaciones, lo primero de todo, es buscar un sitio de comida rápida para no perder mucho tiempo y tener suelto a mano. Voy buscando el lugar más resguardado del viento porque parece ser que va a ser una noche dura. Tres señoras, que van a devolver los regalos de reyes desacertados de sus maridos, me miran con tal condescendencia que parezco una alcantarilla averiada. El guarda de seguridad del centro comercial de Plaza Callao me mira de arriba abajo con cara de pocos amigos: "Habrá tenido un mal día". Finalmente llego a mi destino, buen sitio para una parada.

El *Burger King* está tan lleno como siempre, no puedes casi ni ponerte al lado de la cola de espera en la puerta. La gente te empuja, te mira con desdén e incluso algo de asco y encima pagan con tarjeta. A pesar de todo me quedo hasta medianoche y consigo comer algo medio decente y casi caliente. No ha sido un gran día, pero se puede decir que al menos hemos salvado el hambre. Ahora, al menos, ya estoy cenado.

Me pongo el gorro, los guantes, me ajusto el abrigo y me dirijo de nuevo a Sol. Como todos los sábados a estas horas, me dispongo a buscar un cajero automático para preparar la noche. ¿Una buena zona con ambiente para no estar solo? La Latina, así que subo la calle Carretas y a ver si en la plaza o cerca encuentro uno. ¡Bingo! Un Santander de doble puerta. Ahí hay cámaras de seguridad y doble puerta: "no me pasa nada y encima estoy calentico". Todo hecho: cierro la segunda puerta y saco la tarjeta.

No me acordaba que había escrito también por detrás: "No pido por gusto, pido para poder vivir". Sencilla y directa, mañana uso esa. Estiro las tres cajas de cartón y me pongo boca arriba con el abrigo estirado encima de mí. Pienso en el pobre guarda de Callao y su mierda de día, hasta que me duermo con el parpadeo de la luz del cartel, en el que solo se lee "San".

Mañana en Aluche

Primeros rayos de luz y ahí estás con tu mochila y tu bolsa. Miras a un lado y a otro y solo sabes sentirte mal. No sabes por qué. Nunca lo vas a saber. La verdad es que habías olvidado que era el primer día de educación física de tu hijo. ¿Sabrá hacer el pino este año por fin? Seguro que estará nervioso. Pobrecito. Bueno, seguro que eso le hará más fuerte.

Otro paso más. Ya solo te quedan 22.

Después vas a tener que coger el metro y te da bastante miedo. Tampoco sabes por qué. Es más, no sabes si te da más miedo o vergüenza. Ocho paradas. 17 minutos. 5 noticias completas. 1 podcast de cocina. Mierda. Se te han olvidado los malditos auriculares.

Ya solo quedan 18 delante.

¿Llegará por fin el día 10 o habrá que esperar otro mes? Ya he perdido la esperanza hasta de ser cortés. Vaya jilguero más bonito que se ha posado en la baranda. Ojalá yo tuviera alas. Ojalá pudiera volar tan lejos que no recordase ni de dónde era. Si fuese una cigüeña, me lo llevaría en una sábana blanca a otro mundo. A uno que llamasen segundo o tercero, pero en el que pudiera ser feliz.

Vaya, ¡ya estás en el *Top10*! Solo quedan 6.

El tío que pasa con el maletín te parece un cretino. Su destino parece reírse de tu desgracia. Broma rancia de la realidad que te devuelve tu bondad. Ha sacado su *iPhone* para mirar la hora. Hasta tú piensas que estás loca por creer que se pavonea. Coge su cartera y baja las escaleras. ¿¡Va en metro!? ¿De veras?

Delante de ti solo queda una señora.

Sale el tipo del banco de alimentos. El de la barba. El simpático. El que parece un Santa Claus de película. Solo hay comida para una persona más y sois cinco. La señora te cede el menú a ti porque eres la única con hijos. Lloras. Ella también. El resto ya se había ido y empieza a llover cuando el tipo del maletín vuelve a subir la escalinata.

Venía a por comida, pero ya no queda. Le das tu menú y él se va a otra entrevista de trabajo que sabe que no servirá para nada.

Menos mal que a Mateo le ha salido el pino genial esta vez. Estará muy contento de ir a comer a casa de los abuelos para celebrarlo. Otra vez.

Tan capaz que No Pudo

Hoy me siento libre de reírme de mí mismo al recordarte en mi costumbre. No sé si sabías que irme de dulce podría ser lo más amargo de tu vida. En cualquier caso, en lo más alto de la encina se posó aquel grajo. Entre tu orgullo y mi miedo. Debajo mismo de la paciencia del nido. De la caída del vestido de tu inocencia, llegó la inexorable herencia que dejó el culpable. Sentenciado para ser visto. Listo para ser juzgado.

Caída la última rama en el bajo vuelo, comenzó a llover tenuemente. No suelo ser el que recuerde la forma de los charcos, pero sé que había uno con tu mirada. Era frío, vibraba, agua muy clara. Continuó su dificultoso planeo hasta el río. Recorrió el devaneo de todos los meandros siguiendo el curso del agua hasta que se quedó sin pulso. Su rauda reacción uniendo pedazos le hizo saber dónde aterrizar. Parecía un avión amerizado.

En aquella pequeña poza se quedó flotando sin sed. La red extensa tejida por la sinuosa araña que miraba sin quietud, se rompió al oírte. No es por maña sino por escasa virtud que decidí diluirme en tu cuchara rasa. En tu receta sin ingredientes, en tu recipiente sin colmo y en el aplomo de tu horno. Cuando el agua lo arrastró a la orilla y pudo tocar la tierra, se alzó sobre sus enclenques patas. Supo que pasó por algo y que sus erratas eran inherentes.

Mirando al cielo pudo entonar su canto. Recordé que lo tuyo no es llorar, lo tuyo es hilvanar mi llanto.

Insuficiencia Venal

El aire azotaba tan fuerte las ventanas que parecía que fuesen de terciopelo. Aparecía en el horizonte, sin recelo alguno, la velocidad insospechada de saberse absolutamente maldito. Había llegado hasta El Dorado y no adivinaba a pensar en un tesoro. Pareciera como que, estar solo, fuera igual que mirarse en el espejo de la inocencia.

Justo dos pasos más adelante de la alfombrilla de la casa recordó su medicina. Esa antaño prohibida que ahora le hacía poder vivir y luchar sin miedo. Aunque no menos cierto era que no tenía remedio el llamar hogar a lo que hasta el último ente de la tierra nombraría como asedio. ¡Decidido! Saldría a buscar lo que ya había perdido y había encontrado. Lo que quería cuando dejó de ser soldado. Aquello que le llevó a esa guerra. Objeto que dejó sin dueña a su adiós: el amor.

1607 pasos después, comprendió que 94 veces había perdido la sutileza de la caricia en su pelo azabache. Sin saber por qué, comprendió que la hache nunca se pronuncia y la doble consonante se refuerza. Se detuvo al filo de su torpeza, donde empieza el subconsciente y se activa la recóndita memoria. Saludó a la pasión de lejos y cuchicheó un tanto con la tristeza. Sabía muy bien que, sin quererlo, había entrado en el oscurantismo de la mentira. En el *buenismo* de la maldad y en el soliloquio de la soledad. Era el momento jamás esperado, el siempre imaginado, el justamente delegado.

Llegó al cofre y sin fuerza alguna levantó una "tapa" demasiado pesada para el contenido: una llave. La misma que sabía que podía girar suave para visitar a su vieja amiga con y sin razón. Se abrió la puerta. Pasos lentos. Corazón rápido. Mente en pausa. Mirada en reanudación.

"Siéntate, bienvenido a la incomprensión".

Un día más en el que salgo de mi habitación. Desde el balcón vítores al odiado y a veces demarrado del amor. Siento a algunas, títeres de la vida que les tocó vivir por temor. Mido en cada rima la distancia de seguridad de tus ojos en mi alma. Has encontrado la calma en un muro. Este no separa, este es apariencia o disimulo. Puede ser la herencia de aquello que dijiste haber dicho ver.

Confundimos solidaridad con aquello que es simple bondad. Cestas de mimbre o pantallas de la estirpe, todos buscan pasatiempo en aquellas olvidadas, mar adentro. Sin compañía, la llaman soledad, errándola por osadía. Estar, sentir y parecer se conjugan igual, pero no están hermanadas en el diccionario. Letras ordenadas en el vecindario que sirven de muralla de calabozo. Dibujan el esbozo del futuro al igual que trazan el presente con disimulo.

El otro día entró un pájaro en casa. Quería salir. Como todos. Chocando con los cristales tejidos por el miedo veía como se escapaba entre sus alas el poco resuello de esfuerzo que le quedaba. Entonces llegué yo, hasta entonces absorto en mi vida. Recordé lo corto de su tiempo en mi comitiva. Nos miramos. Tal vez me pidió que le abriera el ventanal o tal vez deseaba estar solo. Me acerqué con el recelo de un loco. Despejé el camino de salida. Atinó a dar cabida a su mirada en mis ojos. Voló hasta el árbol más cercano. Desde ese día, siempre tengo un amigo que me brinda el saludo de la mañana desde su ventana.

Viéramos o no el soliloquio de la similitud. Veamos en multitud la soledad o queramos objetivizar el sentimiento de miedo, siempre será confundir aire con viento. Tenemos que cuidarnos sin remedio. Por todas, por ti y por tu abuelo.

TU ÚLTIMO CONCIERTO

Me fijé que la tercera cuerda de tu ukelele vibraba con la misma viveza que tu sonrisa al sentirte poderosa. Puede que fuese por frío, puede que fuese por la humedad de aquel antro, no lo sé. Pero cuando miraste a la derecha solo pude saber que estarías siempre en el lado opuesto de mi cordura. Casi todo el mundo pensará que hablo de una chica, nadie puede imaginar que estoy escribiéndole al lado izquierdo de mi yo hijo de puta.

Estábamos hablando mientras el resto del local solo quería escucharte. Lo recuerdo como si fuera ayer, y eso que fue el sábado pasado. Diecisiete mililitros le quedaban a tu vino antes de que lo volcases en la camisa del tendero. El mismo que no puso peros a ponerte otro y cambiarse de atuendo. Entre el ir y venir, el yendo y viniendo, me sentí solo. Te fuiste a tu bolo, te fuiste al escenario. Historia de mercenarios, y yo ni bandolero. Casi sin sentido bebí mi agua y volqué mi fuego.

Últimos acordes y primeros vítores. Aplausos de títere los que daba mientras no paraba de llorar. Casi todos querían pensar que era júbilo y orgullo. Respondían al estímulo de saber que era el último día del principio de tu murmullo. Haciendo acopio de las fuerzas que me quedaban para sonreír te guiñé un ojo. El derecho. Me ardió el pecho y me sentí el mayor despojo del sentimiento humano. Sabía que faltaban solo veinte horas. Tendrían que ser muy pocas.

Ahora eran veinticuatro los centilitros de tu último tercio de *Milnoh* que decidiste dejar para el deleite de otro cerebro. Pagaste tú, como siempre, y me pusiste como ariete de tu acervo. ¡Joder! Hacía mucho frío fuera y encima empezaba a chispear. Corrimos hasta el coche y lo lograste arrancar. Quince minutos. A partir de ahí, una noche de hotel que fue de mi luto.

Devaneos de desayuno en un momento de ilusión impertérrito por la casualidad de verme sin tiempo. Empieza un viaje de ida que termina siendo la vuelta de mi vida. Tras doce mil novecientas treinta y seis gotas sobre la luna, veinte silencios y diez diferentes tipos de luz chocando contra mis retinas, me dijiste lo que nunca pensé escuchar: *"siempre te recordaré"*.

PUNTO MUERTO

Déjame decirte que la solidaridad ya no existe y la caridad es una estrategia. No lo digo yo. Lo dice la verdad que rezuma de nuestro día a día. A ver, no quisiera yo ponerme el más negativo de los días de la semana. No quiero ser un lunes por la mañana, pero tampoco un viernes de locura. No es la vida más dura ni los días más largos, pero me jode que nadie me dijese que hay que contarlos.

Así rezaba la nota del recibidor de la consulta de Juan, el psicólogo que ese día tenía que visitar Pedro. A Pedro le habían dicho que allí sanaría de una vez por todas. Que aquello que le afligía y que no le permitía continuar con una vida normal sería tan solo un recuerdo de pesadilla. Esta era la definitiva.

Seguía mirando la nota fijamente sin tener ni puta idea de qué significaba cuando le llamó la atención que el chico de recepción fuese tan guapo. No sabía por qué, pero suponía que los recepcionistas eran gordos y un poco desagradables, pero Manuel era un chico atento y guapo. Al salir le diría de ir a tomar algo, total, no tenía nada que perder.

Pues ya le tocaba. O no, porque, ¡madre mía qué pesada es la cotorra de Eulalia, contándole al pobre Juan la receta del mediodía! Por fin Pedro se levantó decidido a entrar a la consulta de Juan cuando este le detuvo en seco con un gesto de su mano. El señor psicólogo entró en su consulta y 54 segundos más tarde salió en mallas y una camiseta de tirantes (esto es irrelevante para la historia, pero me hace gracia contarlo). Juan señaló las escaleras, lanzó un beso a Manuel y le guiñó un ojo a un señor calvo (del cual no sé el nombre) que entraba por la puerta. El estupefacto Pedro le siguió dando saltitos.

Bajaron los 9 pisos (más o menos) de escaleras de una forma pausada y sin mediar ni una palabra. Llegaron al enorme portalón de madera (4 metros y 12 centímetros) y Juan se detuvo nuevamente en seco.

—¡Hostia, qué despistado soy! Hola, Pedro, encantado. Yo soy Juan, tu psicólogo. Puedes llamarme el loquero sin pero. Así me llama mi marido para darme por culo, siempre hablando en forma figurada.

Pedro no tenía ni idea de qué debía responder, así que hizo lo que siempre hacía, le dio un abrazo a Juan. ¡Ah! Y después le dijo:

—Encantado, señor Juan. Yo soy Pedro y no tengo marido que me ponga apelativos tan originales. En cualquier caso, mi compañero de piso me llama Peter. Es una mierda de apodo, pero si quiere usarlo, perfecto.

El bueno de Juan no respondió nada. Tan solo le señaló la puerta para cederle el paso y le condujo a 10 minutos de la consulta, donde ambos entraron a lo que parecía ser un bar. En la puerta del bar, abajo a la derecha se podía leer:

El cartel lo pusimos aquí porque la mayoría de nuestros clientes es a donde primero miran. El nombre de este bar es PUNTO MUERTO y lo que servimos tampoco suele estar vivo. Si has leído el cartel, que no es pequeño, al entrar saluda al camarero acariciándole la calva.

Pedro tenía claro que le iba a acariciar lo más fuerte posible, ¡a ver qué pasaba!

Lúgubre, tétrico y tal vez del pasado. Tanto el bar como el aura de la camarera. Veintitantos años y una buena cabellera rubia hasta la cintura. Pedro, nervioso, preguntó:

—Perdone señorita, ¿dónde está el camarero calvo?

La chica se autoseñaló y Pedro no dudó un instante. Casi 30 segundos acariciando cabellera. Sin pensarlo.

Juan había ido a la esquina derecha del bar y le señalaba un asiento y una jarra. Pedro llegó y se sentó. En la jarra no había nada, pero era muy bonita.

—Oye Juan, vaya bares curiosos que conoces, ¿eh? —Pedro estaba curioso.
—Esto no es un bar Pedro, esto es tu punto muerto. No sé qué diantres estás viendo tú, yo estoy en un *pub*

irlandés y en tu taza hay cerveza negra —Juan brindó
al aire.

—Ah, ya sé de qué va esto. ¡Hipnotismo, qué guapo!

—¿Hipnotismo...? Sí, claro, eso mismo —decía
mientras se encogía de hombros.

Pedro bebió de la jarra vacía. Estaba muy frío y ácido,
como un vino avinagrado y helado. Empezó a sentir
que la sala le era muy familiar. Muy muy familiar. Juan
solo jugaba con una moneda de un país extraño: ¿el
Congo?

—A ver Pedro, ¿por qué has venido a verme?

—Porque me dijo un amigo que eres muy gracioso y
nunca vi un psicólogo gracioso.

—Hostia tío, gracias. ¿Y por nada más?

—Pues porque creo que estoy en un punto muerto en
mi vida, y no sé cómo salir de él.

—¿Y por qué es un punto y no una raya?

—Es una frase hecha.

—¿Y quién la ha hecho?

—Algún tipo en algún momento de la historia.

—¿Y te crees esa historia?

—¿Cuál?

—No lo sé, me la has contado tú.

—Pero si sólo te he dicho que estaba en un punto
muerto.

—Buen bar, yo suelo venir con mis pacientes, pero el
calvo es algo desagradable.

—Es una tía, no un calvo.

—¿La que se inventó el punto muerto?

—Joder, Juan, no sé si eres gracioso o desesperante.

—¿Te acuerdas?

—De qué.

—¿De la puerta de atrás?

—Sí, nunca la he abierto.

—Tú nunca has estado aquí antes Pedro.

—Sí, me suena todo.

—¿Hasta el pesado que te hace mil preguntas hasta que te das la vuelta?

—¿Qué vuelta?

La puerta estaba delante de él, Juan no estaba y la silla se había girado. Felpudo en la puerta y mensaje claro: "El calvo dice que la puerta no se abre, pero yo no te lo he dicho, lo has leído tú". No es la primera vez que veía esa puerta, pero sí ese felpudo.

—Oye calvo, ¿por qué no se puede abrir la puerta?

—¿Quién te ha dicho eso?

—Está en el felpudo.

—¿El calvo?

 —Pero si eres tú.

—Yo no soy un felpudo.

—¿Pero la abro o no?

—Los felpudos están para limpiarse los zapatos, no para leerlos.

—¿Qué sí la abro, joder?

—Vamos a cerrar.

Entró un señor calvo, muy entrañable y con bigote poblado. Pedro se acercó y le besó la cabeza para después ir hacia la puerta. Respiró hondo, noto el nudo en la garganta (clásico nudo de corbata inglesa). Ahora en el estómago. Tenía muchas ganas de llorar. Le dolía el pecho. Abrió la puerta.

—Hola Pedro, encantado, siéntate en el sillón, ahora mismo empezamos.

—¿Qué cojones es esto Juan?

—Una consulta de psicología. Muy mona decorada, por cierto, lo ha hecho mi hijo que es diseñador de interiores, ¡y de los buenos!

—¿Qué mierda ha pasado con el bar?

—¿Qué bar?

—El Punto Muerto.

—Pues lo cerraron hace unos dos meses, pero eso era un *pub* irlandés, y vaya cervezas ponían —le guiñó un ojo y le dio un golpecito en el hombro mientras salía de la sala.

Pedro se quedó atónito sentado mientras se percataba de una placa situada en la pared detrás de la silla de Juan. Entre todos los títulos había una inscripción con la misma tipografía del bar. Decía: "24/02/2018 - Cerrado por reformas. El camarero se ha rapado. Titular de la obra: Pedro Anguita Ruíz".

—Pero si ese es el día que pedí yo la cita. ¿Me tengo que meter ahora en una obra? —se dijo Pedro a sí mismo.

Entró Juan con la misma jarra. ¡Vaya cerveza más fresquita!

—Acaban de abrir un bar guapísimo aquí abajo. Y el nombre mola mucho: "Sé feliz"

Gracias por Traerme a Casa

La línea del horizonte pintaba un gracioso paisaje de ocres y verdes del reflejo del salpicadero en tus pupilas. Yo ya no sabía si estaba conduciendo o haciendo tiempo para que el arbolito con ventosa se cayera. Mirabas tan fijamente la línea discontinua de la carretera que parecía que se te iba a tatuar en el iris. Un reflejo cada 0,17 segundos.

El caso es que no era un silencio incómodo, era un silencio que no se rompe. Ni con la música a todo volumen ni con el juego de mi pierna izquierda llevando el ritmo de aún no sé qué. 17, 8° C, manga corta, climatizador a 21° C y un sol radiante decoraban la foto que estabas viendo del recuerdo del verano de 2015. En este momento hay 0, 7° C, sudadera, nublado algodonado y mucha nieve en los bordes de la carretera.

Ya no salta la radio sintonizada entre las diferentes emisoras porque llevamos nuestra lista favorita de *Spotify*. Suena la canción que antes me recordaba a la soledad. Ahora me recuerda a mí. A mí cuando intento abrir la puerta y decir "ya he llegado". A mí cuando pienso que tengo que avisar de que llego tarde. A mí cuando voy a pedirle que me traiga agua de la nevera. A mí cuando debato de nadie con nada.

Quedaban 109 segundos para llegar al que sería el final del viaje. Restaban 1020 días, 6 minutos y 12 segundos para comenzar el siguiente.

El volante seguía tan impávido e hierático como tus ojos fijos en el ocre del horizonte. Pensaste en mirarme de soslayo, pero yo ya estaba ocupado mirando de antaño. Tiempos difíciles en momentos delicados que parecían dibujar instantes más calmados. Decidiste empezar esa conversación que yo no imaginaba y que tú, tal vez, llevabas pensando demasiado tiempo:

—¿Has visto ese relámpago?
—Sí, ha caído justo delante de nosotros. Parecía partir el cielo en dos mitades.
—Efectivamente. ¡Qué electricidad tan feroz!
—Sí, la verdad es que sí…

Un silencio de 5 segundos que fueron como 5 días.

—Estamos muy cerca. Gracias por traerme.
—No me ha costado nada, y además he visto un paisaje diferente.
—Sí, ¿verdad? ¿Te has fijado en los diferentes tipos de luz?
—Totalmente, algunos me sonaban, pero hay otros que ni imaginaba.
—Creo que me voy a ir ya. Tengo que calentar la casa y olvidarme de hacer la cama.

—Vale. Espero que no pases frío. Yo intentaré encontrar Madrid.

—A lo mejor te llamo para ver las perseidas, o a lo mejor no….

—Vale, ya me dices cuando sea el día.

Miraste de nuevo al infinito que ahora estaba más cerca del coche. Me miraste no sé si con ternura o con la mirada del que perdona una vida. Cogí tu relevo mientras te alejabas y me quedé mirando la amalgama ocre del fondo de la imagen de la luna del coche.

Cuando cerraste la puerta, el pino se había caído a mis piernas. Olía a frío y humedad. No sé si era el pino o mi verdad.

PENSANDO, PENSANDO, CASI ME CAGO ANDANDO

Estuve pensando. Y pensando en el pensamiento del momento del pensar, me acordé del pensador. Puño en frente, codo en rodilla y abdominal flexionado. Postura curiosa para escudriñar. Más bien hubiera dicho propia del cagar. En cualquier caso, sentía que me iba del tema, como ahora que no sé ni mi lema. ¿Lo he forzado porque rima? Que cutre y poco fina.

En fin, que te contaba que me dio por cavilar y me di cuenta de que somos por azar. Me explico: buscamos lo ideal cuando eso ya no es persona. Luchamos la utopía cuando de serlo sería baldía. Guardamos para tener, pero teniendo no sabemos qué hacer. No hacemos por miedo, y tememos ser cobardes, a la vez que pecamos de alardes. Cuerpo diez e intelecto sutil con relación pueril y me follo hasta mi ex.

El azar y la casualidad nos han llevado hasta aquí. Deberíamos hacer como el hombre de los dados. Del 1 al 12 decide por mí, Dios punteado. El caos que sume una vida parece menos cuando ordenas los factores. Si cada día está en orden, el conjunto debiera estarlo. Craso error, amiga mía, cuando tratas de atarlo. Como los cabos sueltos de las cuerdas de antaño.

¡Ah! Casi se me olvida. Todo esto viene por mis reflexiones que quería contarte. Que no haría en calarte con mis versiones si no fuera viernes. Día de obligación social. De pillarte una jarra y un pedal. De querer ser el alma de la fiesta, aunque lleves la camiseta del pijama puesta. Porque cada copa te hace más interesante y cada chupito acerca más tu suerte. Aunque claro, a veces se te olvida que te vigila de cerca la muerte.

Bueno, que al final me lío y no te digo ni me fío. Que estuve pensando que este finde podíamos ir al campo. A echar un día guay de camping con las tiendas. A coger la vida por las riendas del pasarlo bien y el evadir la mente. Del sentirte siempre en conexión con lo que te rodea y da vida. ¡Ah! Y que casi se me olvida: también pensé que pensamos tanto, que me faltó comprar el papel para cuando estemos cagando.

Arcoíris en el Día

¿Conoces ese momento en el que lo tienes y te da miedo? ¿Sabes de lo que te hablo? Ese instante en el que temes lo que más has querido. Estás tan feliz que arde el pecho de emoción, de ardor y de temor al mismo de repente. Tengo en mente todo esto porque no sé ni siquiera por qué. Me quema la piel, me ahoga el aire, me quema el agua.

Sin querer pensarlo demasiado, quise verme desahogado. Entonces me inventé una realidad sin preguntas. Una verdad sin presuntos pensamientos que sean corteses. Un mundo en el que no haya *miliquinientas* ni eso de echar cuentas. Un lugar en el que bregar con los sentimientos construyendo unos cimientos. Huyendo de los debemos y persiguiendo los queremos. Ahorrándonos los tendríamos para ser ricos en lo que nos queríamos.

Y sin pena, pero en la gloria, aprendí que eras parte de mi memoria. Sin conocerte, me moría por poder perderme en tus curvas. Incluso con la que más mi mente perturbas. Con la más bonita. Con la que más me incita. Con tu sonrisa de amor y vida. Sin pensar si querías ser conmigo, me sentía más contigo. Sin tener claro cómo, sabía con quién. Y sin saber por qué, era imposible dejarte de querer. Lo mejor de todo no era ver ni parecer, lo peor en ningún modo, era en ti y por mí, ser. Por eso te miro y te digo, y también sonrió, aunque no con tantos dientes. Este hombre no te miente sin cariz, si te dice que en tu vida es más feliz.

No me dijeron que era lo que tenía que ser. El caso es que a pesar de verte entendí que ver las tazas de té verde sería más emocionante al verterlas dentro de la olla. Curioso que quisiera antes pensar en mi polla que en las cosas que nos unen. No es que quisiera decir que lucen mal sin ti, es que quise tan poco de mí, que salí a decir que sí. Tampoco eres tú, tú eres la luz, tú eres alegría en la mañana baldía, eres tú la luz que hace feliz mi manía.

Grandilocuente era pensar en que no soy suficiente. Tú tan galana, de ocioso, acaecida y ostentosa. Yo tan gracioso, sin mordida, un ir con desgana y de sangre poco portentosa. Tendidos no solo de luz y tampoco al cielo azul. Eso fue conocerme al verme, sabiendo que concierne, pero que no es suerte *per se*.

Tu pasado deslumbrante y yo vestido con ante y durmiendo en el tiempo de antes. No es parangón que sea cierto, pero tampoco miento si te digo que me duele el corazón al saber que no soy yo. Que es locura pensar en la mesura de las cosas que desbordan al estar escritas en pretérito. Que no es mi mérito pensar en las novelas escritas por autores que no estaban en mis pormenores. Que es pesadilla anclada en el sueño de una vida que se atormenta por querer que no le mientan cuando no existe verdad.

Déjame decirte, aún sin aliento y con poco pensamiento: *carpe diem* y pisa con los pies en un mundo que es del revés.

MIENTRAS **TONTO**

Durante y mediante la salida del sol, me vi puesto de punta en largo cuando yo soy más de vestirme de corto. No me gustan los finales ni los principios, he sido siempre más de nudo y de enlace. El problema es que a veces el nudo te ahoga y el enlace te aprieta. En cualquier caso, no me hice caso cuando, *per caso,* no quise resolver el caso. A ver, que me lío y al final no comento a lo que venía. Este discurso tiene como objetivo ser el curso de cómo definirse a uno mismo sin ser él mismo. El otro día me pidieron la definición de mí para lo del CV, y salió esto:

Yo soy poeta de letras sin escribir y de alma sin vestir. Soy el pesado que a veces ni llega y otras ni se mete en la ducha para avisar. Me gustan las personas que son de verdad, pero a mí me da miedo hasta ser yo mismo. Me gusta la sinceridad, pero a veces me da tanto miedo que prefiero hacer que no la he escuchado. Soy un tío amigo de sus enemigos y deshonesto con los que se lo merecen. Soy de esos de "vamos a tomarnos unas cañas", si me pareces maja; y, si no, me invento cualquier excusa que queda un montón de bien para pasar. Más de montaña que de playa, de series que de pelis, de documentales que de *realities*, y de deporte que de sofá. En definitiva: un tío normal de disgustos cuando le tocan los cojones. Para algo malo, obvio.

Pero claro, como mejor y más me defino es con la palabra TONTO y el gesto ABRAZO. Y es que no hay nada más tonto que abrazar un cactus. Pues eso mismo soy yo: el abrazo a un cactus. Lo que me duele a veces (muchas) me gusta, y lo que se ve raro y difícil (yo también) intento hacerlo. Soy tonto porque no sé lo que quiero, ni cuándo, ni cómo ni dejo comer. Es así. Me preguntan y respondo lo que creo que hay que responder sin saber si lo he hecho bien. Soy tan tonto que me defino en mi libro como tonto y lo hago al final de todas las tonterías que he escrito. Soy tonto porque no me da miedo hacerlo, y el tonto tampoco. Tremendamente tonto por pensar que te vas a leer esto y te vas a reír. Más tonto que escupir para arriba o mear contra el viento. Tonto por no decir lo que tantas veces me dio miedo: que soy tonto y que me alegro. De bueno tonto y de tonto bueno. TONTO tiempo que no he pasado conmigo mismo que hoy me siento para mirarme y darme un abrazo. Un abrazo muy tonto para terminar este libro y para reírme de mí mismo.

Mientras tonto que me busco, seguiré escribiendo lo que tanto me gusta: lo que siento.